LIZHARD

Antonio Colombo

If you didn't care what happened to me, and I didn't care for you, we would zig zag our way through the boredom and pain

Pigs on the Wing (part one - R. Waters)
Pink Floyd - Animals

Se desideri veramente qualcosa, prima o poi l'otterrai

Note

Questo romanzo è frutto di pura fantasia. Ogni riferimento a nomi di persona, luoghi, avvenimenti, indirizzi e-mail, siti web, numeri telefonici, fatti storici, siano essi realmente esistiti o esistenti, è da considerarsi puramente casuale.

LIZHARD

© 2016   Antonio Colombo

Tutti i diritti riservati

Indice

Punto di svolta

È già accaduto, l'avvento del 'cognitive computing' ha avverato quello che aspettavamo da tempo, in silenzio come spesso accade per i cambiamenti epocali.

La fantascienza l'aveva predetto, la scienza l'ha realizzato e ora è una realtà fruibile.

Il punto di svolta è arrivato, stiamo già percorrendo una strada diversa e abbiamo ormai preso una direzione differente.

Il nostro futuro può essere di gran lunga migliore del passato, ma può anche essere peggiore, dipende solo da noi, da come indirizzeremo il nostro domani in questo mondo sempre più pregno di tensioni.

Gli uomini possono utilizzare la tecnologia per vivere meglio e in pace oppure per fare la guerra: la scelta più facile per dirimere i conflitti.

Questo racconto non è solo un romanzo, ma anche un appello alle persone di buona volontà, perché nei momenti di svolta è necessario avere il coraggio delle scelte, quelle difficili che ci toccano profondamente e delineano la nuova via da seguire.

Oche selvagge

Se sei un'oca selvaggia poco ti importa di cosa la gente pensi di te, ti muovi seguendo l'istinto, respirando l'aria fresca della sera mentre sorridi a te stessa pensando al domani.

Sulla strada che ti porta lontano a volte incontri qualcuno come te, con la testa piena di pensieri e sogni da realizzare, immersa nel mondo che ti sei creata e che vorresti fosse patrimonio di tutti.

Un'oca selvaggia non ha regole, va dove le piace, sta con chi le pare, senza pregiudizi, chiedendo a se stessa di non rinunciare mai alla cosa più importante che ha: la propria libertà.

Tu scegli anche a costo di grandi sacrifici, senza il timore di sbagliare.

Tracci la via, ovunque tu voglia andare, anche sola con te stessa.

Vivere in questo modo non è da tutti, pochi lo sanno fare, ma quelli che ti apprezzano ti considerano speciale, come una singolarità nello spazio, un'increspatura nel tempo, cose che si apprezzano solo con un'attenta osservazione e che invece sfuggono alla gran parte delle persone.

Ognuno è speciale nella sua individualità, ma tu lo sei davvero per quella tua capacità di stupirti per ogni cosa, perché sai vedere oltre le apparenze, osservare il dettaglio e l'insieme allo stesso tempo; sai percepire l'impercettibile e la vita per te è un'avventura da vivere intensamente fino all'ultimo respiro.

Questo libro è dedicato a voi, oche selvagge che sapete creare attimi di pura fantasia, oltre la logica della ragione, incontrando solo l'emozione.

Amused to Death

Libera traduzione dal pezzo musicale Amused to Death, dell'album omonimo di Roger Waters.

Ci siamo divertiti da morire, abbiamo osservato la tragedia realizzarsi, abbiamo fatto come ci veniva detto, comprato e venduto.

Era il più grande show sulla terra, d'altra parte è finito, abbiamo esclamato "ooh!" e "aah!", abbiamo guidato le nostre macchine da corsa, poi abbiamo mangiato gli ultimi barattoli di caviale.

Da qualche parte, là fuori tra le stelle, un attento osservatore ha scorso una luce brillare, il nostro ultimo "Urrà" e quando gli alieni trovarono le nostre ombre, raggruppate attorno alle TV, analizzarono ogni indizio, rifecero i test più volte e ricontrollarono tutti i dati, poi perplessi, dopo avere eliminato ogni altra ragione della nostra triste fine, archiviarono l'unica spiegazione rimasta:

- Questa specie si è divertita da morire –

Il Funerale

Sul cofano della bara c'era un bigliettino, scritto di pugno da Franz qualche tempo prima della sua morte, proprio per quella cerimonia funebre: "Mi sono sempre divertito da morire, ho fumato, sniffato, bevuto, mangiato e fatto assiduamente l'amore, ma quello che più mi ha fatto divertire è stata la mia professione: il piacere di penetrare le menti."

Era un giorno di inizio estate, l'aria era frizzantina e la chiesa gesuita di San Francesco Saverio era gremita di persone; l'altare maggiore di marmo, all'interno dell'area del presbiterio, era completamente spoglio, Franz l'aveva voluto così per il suo funerale, aveva impartito rigide istruzioni e suo figlio le aveva eseguite alla perfezione.

Sul lato sinistro dell'altare era stato installato l'impianto hi-fi portato da casa, un vecchio modello vintage a cui Franz era molto affezionato: piatto Technics, amplificatore Luxman e due casse a tre vie autocostruite.

Franz era molto conosciuto in città e c'era molta gente che assisteva alla cerimonia funebre, gli uomini indossavano abiti scuri, camicie chiare e cravatte di colore neutro, mentre le donne morbidi vestiti neri senza gioielli.

La funzione era quasi alla sua conclusione e il piatto del giradischi stava girando lentamente, da qualche minuto, col vinile di Roger Waters, un'edizione speciale di 'Amused to Death' da 200g; quelle erano state le precise istruzioni di Franz, il piatto avrebbe dovuto girare per una decina di minuti prima di raggiungere una stabile velocità di rotazione.

Il figlio di Franz alzò il braccio del giradischi corredato da una puntina magnetodinamica e lo appoggiò delicatamente sul vinile, il suono incominciò a fluire dalle casse e a fluttuare nell'aria fra lo stupore generale.

In terza fila un anziano signore disse al suo vicino "Cos'è? Franz era proprio un tipo strano...", dietro a lui qualcuno gli rispose immediatamente "È Roger! Non lo riconosce???"

"Roger chi?" replicò l'anziano signore.

"Lei è un ignorante" gli rispose lapidario il suo vicino.

Franz era di origine Ceca, insieme alla sua compagna Susanne si erano trasferiti a Lucerna dove vivevano da molti anni, in quella Svizzera Tedesca, dove lui svolgeva la professione di psichiatra.

Era un luminare in quel campo, stimato e conosciuto anche oltre confine, aveva uno studio prospiciente il vicino lago ed era molto apprezzato sia in città che all'estero, viaggiava spesso per partecipare a eventi e convegni, ma il resto del tempo lo passava nel suo studio per ricevere pazienti o a studiare.

A casa, con la famiglia, lo si vedeva molto raramente.

Franz aveva espressamente chiesto di essere cremato subito dopo la funzione religiosa che stava ora volgendo alla fine, la chiesa era piena zeppa di persone e il genere femminile primeggiava su quello maschile, tutte le donne indossavano lunghi vestiti scuri, tutte ad eccezione di una giovane donna che stava a metà della chiesa e che indossava un'attillata minigonna rossa.

Susanne l'aveva notata subito e le aveva lanciato occhiate di disapprovazione, ma lei non se ne era curata ed era rimasta lì; alcuni uomini ascoltavano la musica, mentre altri osservavano quella donna curiosi di vedere se se ne fosse andata prima del termine della funzione.

Due gambe affusolate e un bel sedere non si vedevano spesso da quelle parti, se ci fosse stato Franz avrebbe sicuramente apprezzato.

Il brano carico di suoni intensi terminò dopo qualche minuto, il figlio sollevò il braccio con la puntina e spense il giradischi attendendo che il vinile finisse di roteare, poi lo rimosse dal piatto e lo guardò come si osserva una reliquia prima di deporlo nell'apposita custodia.

Scrutò la superficie per verificare la presenza di eventuali graffi, poi osservò l'etichetta e notò un graffito proprio lì nel mezzo, girò il disco in senso orario per leggere la piccola frase incisa e lesse 'Mind sex is the real one, body mixing is just a consequence'.

Indietreggiò di colpo, come spinto da una forza misteriosa, poi si sedette sulla vicina panca, Susanne mosse la testa sconsolata non capendo il perché di quello strano gesto, lui era turbato, quella frase non assecondava l'idea morigerata che si era fatto di suo padre.

A quel punto il sindaco della città prese la parola per l'ultimo saluto e nel silenzio generale ringraziò pubblicamente Franz per il suo impegno pubblico e per il suo assiduo comportamento da cittadino modello.

Al termine del suo discorso i presenti incominciarono ad uscire dalla chiesa, anche Susanne si mosse per accompagnare la salma di Franz alla cremazione, ma una mano le sfiorò il vestito, lei si girò di scatto e vide la donna con la minigonna rossa avvicinare furtiva la bocca al suo orecchio, le sussurrò "Franz è stato un uomo molto generoso, ma solo ora lei scoprirà quanto lo è stato veramente", poi la donna con la minigonna rossa, con la punta della lingua, sfiorò il lobo dell'orecchio di Susanne che ebbe una palpitazione al cuore abbassando per un attimo le palpebre in segno di disagio.

Fu un tempo sufficiente per permettere alla donna di sparire fra la gente, ma Susanne fece in tempo a vedere quel tatuaggio a forma di lucertola che la donna con la minigonna mostrava sulla gamba sinistra.

Stizzita pensò fra sé e sé "Cosa ci fa questa donna al funerale di Franz? E cosa voleva dirmi con quella frase e quel gesto inopportuni? C'era forse stata una storia erotica fra lei e Franz? Lui non era certo uno stinco di santo, ma che fosse arrivato fino a quei livelli no! Non ci poteva credere."

Si ricompose e uscì velocemente dalla chiesa.

La salma fu accompagnata da parenti, amici e conoscenti al forno crematorio, la cerimonia fu breve, le ceneri poi sarebbero state poste in un'urna da deporre in un loculo del cimitero; la lapide in marmo era pronta, Franz aveva scelto un marmo di tenue colore celeste e sulla lapide erano state incise le lettere 'F. L. H.'.

Quando Susanne le vide, dapprima si stupì, ma subito dopo si alterò per quell'errore.

Tradendo la sua usuale pacatezza sbottò e disse "Idioti, nemmeno una lapide sanno fare! Che ci fa quella lettera 'L' là in mezzo??? Mi marito si chiamava Franz Hanak!!! Non aveva nessun secondo nome! Idioti, sono degli idioti, tremendamente idioti!!!"

Le persone se ne stavano andando alla chetichella e nessuno fece caso alla lapide, neppure alla scenata di Susanne che tutti pensarono fosse dovuta allo stress per la perdita di Franz.

Un mese prima nello studio di Franz

Lo studio di Franz era prospiciente il vicino lago della città, situato al quarto piano di una bella palazzina d'inizio 900, da lì si godeva un'ottima vista del lago.

L'interno era stato completamente ristrutturato, lo studio di oltre cento metri quadri era disseminato di tavoli, poltrone e divani.

Il soffitto a cassettoni in legno era molto alto e robuste travi di color mogano attraversavano il salone per tutta la sua larghezza, non c'erano lampadari ma solo lampade a stelo che illuminavano l'ambiente con una luce calda e soffusa, alcuni faretti posti sul soffitto illuminavano le pareti laterali aumentando la profondità di tutto lo spazio circostante.

C'era anche una piccola cucina moderna aperta sul salone, gli armadietti che la corredavano erano di notevole fattura e di legno pregiato, un piano di marmo di Carrara ne delimitava la sua estensione, l'isola terminava con una pertica di legno chiaro su cui era stato inserito un cestello di metallo che conteneva dei liquori: grappa casalinga, whisky irlandese e del buon brandy.

I ripiani inferiori nascondevano pentole, piatti e tutto il necessario per preparare la tavola, c'era anche un armadietto che conteneva del buon vino italiano di cui Franz faceva uso frequente. Completavano l'ambiente alcune piante grasse collocate su pensili di legno chiaro.

La luce di quell'ambiente era speciale, le grandi finestre catturavano una gran quantità di luce e le nuvole che passavano veloci davano una diversa intonazione alle tinte delle pareti color crema del salone.

Più appartata c'era anche una camera da letto, inclusiva di bagno con vasca idromassaggio ed enormi finestre ad arco esposte sul lago. Le sue pareti erano di color blu cobalto e sul soffitto erano state apposte decine di stelle fluorescenti, quando si spegneva la luce lo spettacolo era assicurato: il soffitto diventava una seconda via lattea.

Franz usava quello studio a tutte le ore, spesso dormiva nel grande letto per alzarsi a notte fonda e consultare qualche libro preso dall'enorme libreria che ricopriva la gran parte delle pareti dello studio.

Lui non era un uomo facile, aveva un innato senso della libertà che lo aveva portato ovunque nel mondo, andava spesso controcorrente e amava pazzamente l'ironia, specialmente quella di Oscar Wilde.

La polvere regnava ovunque in quell'ambiente nonostante una colf venisse giornalmente a fare le pulizie, Franz l'aveva scelta di origine ucraina, giovane e carina, ma le aveva proibito di spostare qualsiasi oggetto che si trovava nello studio.

La poveretta doveva fare lo slalom fra le pigne di libri deposti per terra e le poltrone e i tavoli disposti ovunque, senza poter spostare nulla, neppure le suppellettili.

In una teca a vetri facevano bella presenza numerose pipe, molte delle quali non erano mai state usate, Franz infatti era un abitudinario, fumava sempre le stesse.

In un'altra teca con aria condizionata c'erano dei sigari di provenienza varia, Franz li fumava solo nelle grandi occasioni, quando risolveva un caso particolarmente difficile o quando una nottata era andata particolarmente bene.

Nell'angolo del salone c'era un impianto hi-fi hi-end del costo di ottantamila euro, Franz se lo poteva permettere come si poteva permettere quelle due casse da cinquantamila euro ognuna che custodiva come delle reliquie.

Ascoltava musica ad ogni ora e la sua collezione di dischi, cd e file musicali era sconfinata, gestiva il suo archivio con un tablet che spesso mostrava alle sue pazienti che riceveva a tutte le ore immaginabili, disdegnava invece i pazienti di genere maschile.

Sulla parete più grande del salone c'era una fotografia dell'orologio astronomico di Olomouc, uno dei due orologi astronomici della Repubblica Ceca, quest'ultimo rimodellato nello stile del socialrealismo, popolare durante l'epoca comunista e parte integrante del municipio in Horní Náměstí.

La sua stanza da letto ospitava spesso qualche donna che si intratteneva fino al mattino seguente, per poi ritornare qualche tempo dopo per un'altra proficua seduta.

A Franz piacevano i rettili, in particolare le lucertole per quella loro autonomia, quella capacità di perdere una parte del corpo o di automutilarsi.

La usano come strategia di difesa lasciando una parte non vitale al predatore, mentre la parte abbandonata continua a contrarsi, distraendo il predatore, la preda è libera di fuggire; la parte monca è destinata a ricrescere come un'araba fenice che rinasce dalle sue ceneri.

In comune con le lucertole Franz aveva anche il periodo dell'amore, che come loro cadeva in primavera inoltrata, quando la temperatura si riscaldava; in quel periodo il suo studio era strapieno di persone di genere femminile e le sue visite terminavano molto tardi, spesso a notte fonda.

Della famiglia delle lucertole prediligeva quella dei camaleonti, una famiglia di rettili squamati appartenenti al sottordine dei Sauri, con la capacità di mutare colore, i grandi occhi che possono ruotare l'uno indipendentemente dall'altro e un Dna molto simile a quello umano.

Sulla parete dietro alla sua scrivania c'era una grande lucertola dipinta e alle sue amanti Franz soleva raccontare che l'astuzia della lucertola non andava sottovalutata, all'apparenza, infatti, poteva sembrare un essere poco intelligente, ma numerosi esperimenti avevano dimostrato che puo risolvere con successo problemi riservati solo ai mammiferi.

Disegnato sullo schienale della sua sedia in pelle c'era un dinosauroide, l'equivalente rettiliano degli esseri umani, con grandi occhi, dita opponibili, senza coda e soprattutto un encefalo sviluppatissimo.

Era il suo emblema: intelligenza raffinata, capacità di mutare e velocità di azione; usava dire di se stesso che era un po' pazzo, un'anomalia in quel mondo turbinoso che osservava ogni giorno con fare disincantato.

Era un giovedì, fuori l'aria era tersa e il cielo sgombro da nuvole, improvvisamente la porta d'ingresso si aprì e Susanne entrò trafelata, depositò le chiavi sul vicino tavolino e accese le luci dirigendosi subito in camera da letto.

La polvere, al suo passaggio, si alzò dappertutto infrangendo i raggi solari che stavano penetravano dalla finestra. Franz era lontano per un convegno e anche quando era fuori per lunghi periodi non chiudeva mai le imposte.

Appena entrata nella stanza Susanne osservò attentamente il letto disfatto alla ricerca di prove inconfutabili, sapeva che Franz era un fedifrago ma non era mai riuscita ad incastrarlo, girò in lungo e in largo nella stanza, guardò anche sotto il letto alla ricerca di indumenti femminili, poi guardò in bagno per verificare la presenza di rossetti, creme o profumi da donna.

Nulla, non c'era nessuna prova a suo favore eppure lei sapeva benissimo che in quella stanza Franz godeva dei piaceri del sesso con le sue clienti, ma prima o poi l'avrebbe incastrato.

Decise allora di verificare la presenza di qualche indizio nella cassaforte celata dietro ad un quadro di poco valore, dove poteva esserci nascosta qualche lettera delle sue spasimanti.

Conosceva la combinazione e l'aprì in un attimo.

Attivò la torcia del suo smartphone per avere un po' di luce, frugò all'interno della cassaforte ed estrasse una piccola agenda, l'aprì con ansia, girò le prime pagine bianche e poi si soffermò su un testo scritto di pugno da Franz sperando che fosse una cronaca amorosa. Si sedette sul letto e lesse:

'Questa è la fedele cronologia degli eventi accaduti qualche mese prima delle ultime consultazioni elettorali per l'elezione del grande consiglio comunale di Lucerna.

In ordine di tempo, partendo dall'inizio della storia.

Circa quattro anni fa avvenne una scissione nel gruppo di supporto al governo della città, qualche elemento di spicco uscì dal gruppo, schifato dai comportamenti di alcuni influenti membri di governo.

Io ed alcuni fuoriusciti decidemmo di formare una nuova compagine politica in grado di proporsi per la futura consultazione elettorale e governare Lucerna con i suoi oltre settantamila abitanti.

La nuova formazione si rafforzò col tempo, fino a diventare un gruppo coeso e determinato a proporsi come futuro protagonista nel grande consiglio comunale della città.

Le consultazioni elettorali si stavano avvicinando, mancavano infatti solo quattro mesi alle future elezioni; un soggetto ben conosciuto in città, spinto da speculatori senza scrupoli e interessati solo ad aumentare la densità abitativa del territorio, voleva accreditarsi al governo della città proponendo una sua lista elettorale.

Improvvisamente nel contesto politico apparve un nuovo soggetto, Luca, estraneo alle dinamiche elettorali della città, ma con le potenzialità per poter diventare sindaco.

Il mio gruppo politico decise allora di verificare le condizioni per un possibile accordo con lui, ad evitare una pericolosa frammentazione di liste che avrebbe portato un vantaggio competitivo agli speculatori.

Furono scelti i negoziatori e iniziarono le consultazioni tese a trovare un accordo basato su una comunanza d'intenti invece che una fusione dei due gruppi.

Il nostro gruppo infatti non si sarebbe sciolto, ma avrebbe continuato a supportare i nostri candidati che sarebbero confluiti nella nuova lista in fase di costruzione.

Nell'altra compagine c'erano alcuni elementi ostili a Luca, che cercavano di far naufragare il suo progetto, considerando Luca un corpo estraneo al contesto politico; costoro perseguivano anche l'obiettivo di tenerci lontani dai banchi di governo, i loro continui e repentini cambi di posizione, oltre alle loro frequenti provocazioni, rendevano palesi le loro intenzioni.

Non eravamo al primo tentativo di accordo, anni prima il nostro sforzo era naufragato a causa di forti personalismi di alcuni membri dell'altra compagine, che purtroppo avevano creato spiacevoli situazioni e forti rancori. I prerequisiti per questa nuova alleanza sarebbero stati una nuova lista civica, senza appartenenza partitica, in discontinuità rispetto al gruppo di governo, con nuovi candidati e dove il nostro gruppo avesse potuto continuare a dare il suo fattivo contributo mantenendo la sua identità.

Luca era interessato a una possibile coalizione tesa ad eliminare dalla scena politica il gruppo di speculatori, ma comunicò che l'accordo si sarebbe potuto fare solo se io non mi fossi candidato in lista.

Era chiaramente un diktat, una provocazione, qualcuno non voleva che io mi proponessi e, nel contempo, cercava di mettere in difficoltà Luca per farlo desistere dal suo proposito; per poter continuare nell'accordo accettai di essere fra gli esclusi sapendo che mi avrebbero fatto pagare quella scelta molto sofferta.

L'accordo alla fine si fece, qualcuno che tramava nell'ombra vide infranto il suo progetto di divisione e gli speculatori avrebbero avuto ben poche possibilità di governare la città.

Se avessimo vinto, i palazzinari non avrebbero dimenticato il mio gesto e si sarebbero sicuramente vendicati per avere bloccato i loro intenti, gli interessi economici in ballo erano infatti enormi.

Le elezioni si tennero a fine mese e Luca prese oltre il 50% dei consensi.

Nei giorni seguenti alle elezioni ricevetti alcune lettere minatorie, avevo paura, ero certo che avrebbero cercato di farmi pagare le mie scelte: la mia rinuncia aveva permesso la creazione di una lista unica, evitando che gli speculatori prendessero le redini del comune.
Qualcuno avrebbe cercato di vendicarsi ed era certamente in buona compagnia.'

Susanne rimase perplessa per qualche secondo, poi risoluta chiuse l'agenda e la ripose nella cassaforte, richiuse anche quella e si diresse verso la porta d'ingresso che richiuse dietro di se con un colpo secco.
La polvere nel salone si alzò di nuovo copiosa mentre un raggio di luce stava illuminando la parte destra della stampa dell'orologio di Olomouc: due operai che coi loro martelli stavano forgiando un oggetto di metallo.

Tre settimane dopo dal notaio

Il notaio di famiglia convocò i legittimi eredi per la lettura del testamento olografo di Franz.

Lo studio del Dott. Camponovo era nel centro della città, era moderno, tecnologico e vantava un'annessa palestra che il notaio usava frequentemente durante i periodi di pausa.

Sulla porta d'ingresso una targa in ottone annunciava agli ospiti le possibili meraviglie del suo operato: 'Studio del Notaio Camponovo, dove ogni atto è possibile'.

Gli ospiti stavano arrivando alla chetichella e il notaio, sprofondato nella sua poltrona in pelle, li osservava accomodarsi intorno al grande tavolo in cristallo che primeggiava nel salone.

Dietro a lui c'erano scaffali pieni di pratiche e la documentazione necessaria per l'espletamento delle sue attività professionali. Su un lato c'era una libreria in noce sui cui ripiani erano stati riposti pochi libri ben impilati, una distonia che non sfuggì a Susanne arrivata in anticipo per l'appuntamento.

"Dottor Camponovo" disse Susanne "La ringrazio per l'invito, lei è uno stimato professionista e sono sicuro che saprà gestire al meglio le volontà di mio marito, pendo quindi dalle sue labbra."

"Stia tranquilla signora" aggiunse il notaio "Ho fatto tutto per il meglio, ma per sapere le volontà di suo marito dovrà attendere l'arrivo degli altri ospiti."

"Altri ospiti? Quali? E perché?"

"La prego, non le posso anticipare nulla, abbia pazienza ancora qualche minuto e capirà il perché del mio riserbo."

"Non capisco, ma va bene lo stesso" disse Susanne rassegnata, che poi si accomodò vicina al notaio.

A quel punto entrò un signore non più giovane, con una folta barba e occhiali scuri, che salutò entrambi cortesemente "Buongiorno Dott. Camponovo, ciao Susanne."

Susanne non riusciva a capire chi fosse quel tipo perciò gli chiese "Mi scusi, ma noi ci conosciamo?"

"Ci conosciamo eccome Susanne, e da molto tempo... solo che di tempo ne è passato davvero troppo e probabilmente è per questo che non ti ricordi di me."

"Non riesco proprio a capire chi sia lei..." rispose lei dubbiosa.

"Sono lo zio Detlef, Detlef Klein, ora ti ricordi di me?"

"Detlef? Lo zio Detlef? E che ci fai tu qui?"

"Di solito i convenevoli iniziano chiedendo alla persona come sta, non è forse vero Susanne? Vedo che nonostante il tempo non sei cambiata."

"Sì sì, stai bene?" poi senza attendere la risposta riprese "Che ci fai qui?"

"Sono stato invitato dal notaio, come te presumo..."

"Dal notaio? E perché?"

A quel punto il notaio s'intromise nel dialogo e le disse "Signora, per cortesia abbia pazienza e avrà tutte le delucidazioni del caso, ho invitato anche altre persone come può ben vedere."

Susanne allora si voltò e vide che nello studio era entrata altra gente, a quel punto si zittì e si accucciò definitivamente nella sua poltrona.

Nello studio c'erano ora una decina di persone, alcune di esse completamente sconosciute a Susanne, il brusio stava montando perciò il notaio picchiò con le nocche delle dita sul tavolo di cristallo e chiese attenzione, poi si alzò in piedi e disse "Vi ringrazio per avere accettato il mio invito. Franz, che conoscevo personalmente e che stimavo molto, ha lasciato a me le sue ultime volontà, le ha trascritte di suo pugno in un documento che ora vi leggerò. Vi prego di fare silenzio perché ogni dettaglio è estremamente importante."

Il brusio calò fino a sparire, a quel punto il notaio riprese.

'Nel pieno possesso delle mie facoltà mentali vi comunico le mie ultime volontà: ho redatto una lista di persone che considero i miei legittimi eredi, voi qui presenti appartenete a questa lista e solo voi siete stati invitati dal mio notaio di fiducia per ascoltare i miei voleri.'

Susanne ebbe un fremito, poi disse rivolgendosi al notaio "Ma.."

Il notaio la bloccò "Capisco signora, ma suo marito ha deciso che non solo lei e suo figlio, ma anche tutte le persone presenti in questa sala siano i potenziali eredi. Questa è stata la sua volontà, per cortesia ora mi lasci continuare."

"Mi scusi Dott. Camponovo" disse allora sommessamente Susanne.
Il notaio riprese la lettura.

'Voi non sapete chi realmente io sia stato, nella vostra mente c'è solo l'immagine dello stimato professionista, ma il vero Franz era molto di più di quello che voi avete conosciuto! Ora il notaio vi mostrerà un oggetto che mi apparteneva e chi di voi scoprirà cosa contiene riceverà in eredità ogni mio bene, tutto quello che ho guadagnato nella mia vita diverrà suo, se invece nessuno scoprirà il suo contenuto allora tutti i miei averi andranno in beneficienza.'

I presenti si guardarono l'un l'altro di sottecchi, alcuni fecero sguardi d'intesa, altri si scrutarono in modo minaccioso.

A quel punto il notaio mostrò ai presenti un piccolo violino e infine concluse la lettura.

'Queste sono le mie volontà, chi per primo scoprirà cosa contiene questo oggetto lo comunichi al notaio e, se la risposta sarà esatta, costui o costei diverrà il mio unico erede; avete esattamente trentuno giorni di tempo per riuscirci, poi tutto, ripeto tutto, andrà in beneficenza.

Così ho deciso nel pieno delle mie facoltà mentali.
Franz Hanak.'

Si alzò immediatamente un vocio insieme ad alcune flebili imprecazioni, il notaio riprese la parola "Scaduto il termine di trentuno giorni vi riconvocherò per comunicarvi chi è il vincitore, ovviamente se ce ne sarà uno. Arrivederci."

A quel punto una persona in seconda fila disse al notaio "Ci dia per favore qualche informazione aggiuntiva su quell'oggetto."

Il notaio rispose "Che vi posso dire di più? Ve l'ho mostrato, è di metallo e le sue dimensioni sono all'incirca cinque cm di lunghezza, due di larghezza e uno di profondità."

La persona riprese "Che tipo di metallo?"

"Non saprei, sembra robusto, ma nelle istruzioni che Franz mi ha lasciato c'era solo l'obbligo di farvelo vedere senza ulteriori spiegazioni, quindi non posso dire di più."

A quel punto Susanne si alzò e ne andò seguita da molti dei presenti, il figlio di Franz invece rimase nella sala con uno sguardo assente, poi lentamente si alzò e disse al notaio "Andrà veramente tutto solo a uno?"

"Così ha voluto tuo padre... tuo padre vero?" rispose il notaio.

"Sì certo, mio padre anagrafico, ma chi era costui, a questo punto, è ancora tutto da scoprire... comunque le assicuro che sarò io l'unico erede!"

"Allora buona fortuna!" disse il notaio sorridendogli, poi aggiunse "Ah... quella lettera L sulla lapide, nel mezzo fra nome e cognome, non è di certo un errore perché sembra l'abbia voluta espressamente tuo padre... potrebbe essere un indizio..."

Il figlio lo guardò incuriosito, poi uscì dallo studio con fare lesto avviandosi verso casa con un'idea persistente in testa, un'idea da verificare il prima possibile.

Non fece in tempo a entrare in casa che Susanne, arrivata prima di lui, gli disse a bruciapelo "Quello stronzo di tuo padre!!! Siamo noi gli unici eredi legittimi! Perché ha inscenato tutta questa messinscena? Per cosa??? Adesso ci sarà un sacco di gente che cercherà di capire chi fosse! Sai chi era veramente tuo padre??? Uno stronzo che ci ha messo nei casini, ecco chi era!!! Uno stronzo!"

"Calma" le disse il figlio "Saremo solo noi gli eredi, non ti preoccupare! Abbiamo il vantaggio di vivere in questa casa dove ha vissuto anche Franz e anche se c'è stato saltuariamente, da qualche parte ci sono sicuramente degli indizi che possono indicarci cosa può custodire quell'oggetto... e poi..."

"E poi?" disse Susanne incuriosita.

"E poi ho scoperto che su quel disco di vinile, che gli piaceva tanto, c'è un'incisione, guarda!" le mostrò una foto dell'etichetta del vinile fatta col suo smartphone.

Susanne, con le dita, allargò la foto e guardò con attenzione il graffito, poi sconsolata disse "Era proprio un marito infedele!", poi riprese "Comunque hai ragione, noi siamo in vantaggio e noi saremo gli eredi, forza mettiamoci al lavoro!"

"Il notaio mi ha anche detto che quella lettera L fra nome e cognome, sulla lapide, l'ha voluta lui... forse è un altro indizio da considerare."

"Era fulminato caro, sarà stata senz'altro quella minigonna rossa, quel porco di tuo padre non ha mai nascosto la sua grande attrazione per il genere femminile! Forza, ora cerchiamo dappertutto!!!"

Si divisero per scovare qualche indizio, lei andò in camera, lui nella biblioteca dove frugarono alacremente fino a sera, ma senza evidenti risultati.

La mattina dopo, di buon'ora, Susanne si recò nello studio di Franz, aprì la porta d'ingresso ed entrò nel grande salone, come sempre la polvere si alzò copiosa.

Era la prima volta che Susanne entrava in quello spazio da quando Franz era morto, ora quel salone le sembrava uno spazio cupo e tetro, l'attraversò velocemente per dirigersi dall'altro capo dove stava la scrivania di Franz, come se qualcosa l'attendesse la.

Si sedette alla scrivania pensando ai bei tempi quando lei e Franz si conobbero, erano tempi spensierati e lui l'amava davvero, poi col passar del tempo le cose cambiarono e si ritrovarono diversi, vivevano da tempo come fratello e sorella sotto lo stesso tetto e nulla era più come prima.

Franz era un uomo interessante, vivace e pieno di passioni, chissà cosa aveva visto quel salone, Susanne aveva anche pensato di far installare segretamente qualche telecamera per controllare cosa accadeva in quel luogo, ma poi aveva desistito nel suo proposito sicura che le si sarebbe spezzato il cuore.

Franz era un uomo preciso nel suo disordine, doveva pur aver appuntato qualcosa su quel benedetto violino, frugò nel cassetto della scrivania fino a trovare un foglio con una lista di oggetti, un promemoria.

Lesse ad alta voce come a rallegrare un po' quel posto lugubre "Per la visita alla Sig.ra Klein ricordarsi di portare il contenitore con i file musicali, il surround miniaturizzato e gli spray di color azzurro, giallo e rosso."

Riflessiva ripeté più volte "il violino indica la musica ed è attinente ai file musicali, quindi il violino doveva contenere i file musicali che Franz utilizzava per le sue visite."

Susanne riteneva che Franz fosse un po' pazzo e quell'oggetto poteva certo contenere quella strana musica che a Franz piaceva tanto, sorrise, era stato più facile del previsto scoprire cosa poteva contenere quel violino.

Solo lei aveva accesso allo studio di Franz e solo lei poteva consultare quegli appunti, quindi solo lei sarebbe stata in grado di dire cosa conteneva l'oggetto e lei sola avrebbe ricevuto l'eredità di Franz, altro che devolverla in beneficenza!

Frugò ancora nel cassetto e trovò una busta con un appunto di Franz 'da apporre sulla mia bara in caso di morte', lo rigirò fra le mani più volte poi con un sorriso beffardo lo mise nella tasca e sia incamminò verso l'uscita, prima però chiuse meticolosamente tutte le imposte e infine richiuse la porta d'ingresso dietro a sé.

Non sarebbe più tornata in quel salone, una volta diventato di sua proprietà l'avrebbe venduto, avrebbe intascato tutti i beni di Franz vendicandosi finalmente di tutto quello che aveva subito nella sua vita matrimoniale. Chiuse la porta con quattro mandate e scese le scale canticchiando, il portiere dello stabile non l'aveva mai vista così felice.

Il giorno prima della sua morte

Era un giovedì di inizio Aprile, un giorno abbastanza tranquillo, Franz era nel suo studio assorto nella lettura di alcuni testi e il telefono squillò più volte, indolente si alzò e andò a rispondere:

"Buongiorno, cerco con urgenza il dottor Hanak" disse una voce dall'altro capo della linea.

Franz attese un attimo, poi rispose scocciato "Sono il dottor Franz Hanak, mi dica."

La voce riprese "Sono il Dr. Hans Merkel e ho bisogno del suo aiuto, mia moglie soffre di disturbi depressivi, ma ultimamente si comporta molto stranamente, vorrei che lei la visitasse urgentemente al mio domicilio, non m'importa della parcella, pagherò il dovuto ma faccia presto, porti tutti i suoi strumenti perché il caso è veramente difficile" attese un attimo poi riprese "Le manderò le coordinate GPS della mia abitazione, le inserisca nel suo navigatore satellitare e mi troverà subito."

Frank replicò "Ma al posto di mandarmi le coordinate non può dirmi il suo indirizzo? Che strana cosa è questa? Di che cosa ha paura?"

"Non mi fido, tutte le comunicazioni telefoniche sono controllate e non mi va che si sappia che mia moglie ha qualche problema, preferisco così; controlli ora sul suo telefonino e troverà le coordinate, l'aspetto con urgenza."

"Ma come fa a conoscere il mio numero di cellulare?"

"Lo so e l'aspetto a breve.", poi interruppe bruscamente la comunicazione.

Franz rimase perplesso, ma solo per un attimo, era abituato a incontrare gente strana e quell'uomo dall'altro capo della linea, in fondo, gli sembrava uguale a tutti gli altri.

Verificò che le coordinate fossero arrivare sul suo smartphone, poi prese la valigetta in pelle che utilizzava per le visite a domicilio, inserì alcuni oggetti, chiuse l'ufficio, scese in strada per prendere la sua autovettura e partì con decisione.

Poco dopo raggiunse il quartiere residenziale di Felmis, nel limitrofo comune di Horw, vicino al magnifico Bireggwald e alla bella penisola Horwer. Si fermò davanti a una bella villa a due piani, colorata di bianco, con un ampio tetto a capanna, che le indicazioni del GPS davano come punto di arrivo.

I proprietari erano sicuramente dei benestanti poiché il giardino era ben curato e la casa in ottime condizioni.

Suonò al videocitofono e attese che qualcuno rispondesse, una voce cavernosa l'accolse "Dottore, finalmente, venga!"

Il cancelletto si aprì automaticamente scomparendo nella siepe di bosso e Franz entrò nel giardino; più lontano, da un balcone, un uomo gli fece cenno di proseguire in quella direzione, lui proseguì guardingo.

Giunto sulla soglia di casa l'accolse un uomo di mezza età, un po' trasandato e con una folta barba, il suo aspetto stonava con tutto l'ordine che c'era lì intorno, ma Franz non se ne curò un granché.

"La prego entri" disse l'uomo sollecitandolo a muoversi, Franz entrò in un grande salone dove nella zona giorno faceva bella mostra una libreria che si fondeva armoniosamente nel quadro d'insieme.

L'uomo si presentò "Sono Hans, Hans Merkel e la ringrazio per avere accolto subito la mia richiesta, le posso offrire un caffè?"

Franz annuì, Hans fece un cenno del capo, si sedettero e poco dopo apparve una giovane cameriera con una fumante tazza di caffè che depose sul tavolino di fronte ai due.

Hans riprese "Lo assaggi, è della migliore qualità, intanto le racconto qualcosa di mia moglie."

"Mi dica" disse Franz un po' svogliato.

"Mi spiace averla disturbata in questo modo dottor Hanak, ma è veramente urgente", poi proseguì "Ma possiamo darci del tu? La posso chiamare Franz?"

Franz annuì.

"Mi rendo conto che ha dovuto interrompere le sue numerose attività per venire qui da me, ma quando vedrà mia moglie sicuramente mi darà ragione. Lei è uno stimato professionista, il migliore del cantone e probabilmente di tutta la Svizzera, ho bisogno che lei visiti mia moglie, non si preoccupi la pagherò lautamente per l'urgenza."

"Non mi preoccupo di certo" rispose Franz un po' infastidito.

"Mia moglie è psicopatica, fra poco l'accompagnerò in camera sua e lei potrà visitarla, si fermi nella sua stanza tutto il tempo che ritiene necessario, pagherò tutte le sue prestazioni, anche se si dovesse fermare per giorni."

Dopo avere bevuto il caffè Franz chiese in tono interlocutorio "Dov'è?"

"Di sopra, venga che l'accompagno", salirono insieme le ampie scale a chiocciola che portavano al primo piano fino alla camera della moglie di Hans, poi entrarono in punta di piedi senza fare rumore.

La camera era in penombra e la giovane donna era sveglia, supina sul letto e coperta completamente dalle lenzuola, sembrava una donna dai lineamenti gentili ma dal fisico robusto, tratti tipici delle donne che hanno fatto molto sport da giovani. Hans sembrava molto più vecchio di lei, circostanza che a Franz apparve un po' curiosa, ma intrigante.

Franz si avvicinò al bordo del letto, Hans si prodigò con le presentazioni.

"Liz, ti presento il dottor Franz, è uno stimato professionista, un ottimo specialista del suo settore, passerà qualche tempo con noi per curare i tuoi disturbi, ti troverai bene con lui, è il migliore della Svizzera!"

La donna non rispose, il marito allora rivolgendosi a Franz gli disse "Vi lascio soli, così lei potrà iniziare a farsi un'idea della reale situazione", poi uscì frettolosamente dalla camera.

"Buongiorno signora" disse Franz con voce morbida.

"Vem är du?" rispose Liz in lingua svedese (traduzione: chi sei?)

"Pardon?" chiese Franz con tono interrogativo.

"Wewe ni nani?" riprese in swahili (traduzione: chi sei?)

"Scusi signora ma non capisco..."

"Хто ти?" disse Liz in ucraino, un po' spazientita (traduzione: chi sei?)

"Senta, d'accordo che mi pagano profumatamente per questa visita, ma non sono qui per perdere tempo, quindi usi un linguaggio consono e a me comprensibile, per cortesia."

Liz allora riprese in ceco "Rozhodl jsem se dát jiný zvrat v mém životě, věnovat více času pro sebe; získat majetek svého času, to je moje přání. Chci najít klid v tom, co dělám, co dělám, a žít každý okamžik intenzivně, je to jediný čas, který skutečně existuje."

"Ma questo è ceco, sa il ceco?" disse allora Franz sorpreso.

"Sì certo, so anche il ceco, è la sua lingua natia vero dottor Franz? ...ho deciso di dare una svolta diversa alla mia vita, di dedicare più tempo a me stessa; riappropriarmi del mio tempo, è questo il mio desiderio. Voglio ritrovare la serenità in quello che faccio, qualsiasi cosa faccia e vivere intensamente ogni attimo, il presente è l'unico momento che esista veramente" replicò Liz.

Il dottore che, essendo di origine ceca, non avrebbe avuto bisogno di quella spiegazione, le rispose "L'avevo capito..."

"Lei è strano dottore, un dottore deve sapere molte lingue, sennò come fa a capire tutte le persone che vanno da lui per farsi curare?" rispose Liz.

"Ma che lingue stava parlando??? Il ceco è la mia lingua madre, ma conosco molto bene anche il tedesco, l'inglese e l'italiano", poi riprese con più calma "Come sta? Si sente bene?"

"Benissimo e lei? Cosa è venuto a fare qui?" disse Liz.

"Suo marito mi ha chiamato per una visita urgente, mi ha detto che lei ultimamente non sta troppo bene, sono qui per questo, mi dica, come si sente?"

"Ottimamente, come una leggiadra ventenne, forse anche meglio."

Franz osservò le sue forme coperte dal lenzuolo e il suo viso, era una donna giovane, con un tono morbido di voce, ma non riusciva a darle un'età perché dalle sue risposte traspariva anche una certa esperienza di vita, sembrava una di quelle donne che molti uomini vorrebbero sedurre, una donna giovane ma con grande esperienza. Fece qualche passo girovagando nella stanza pensieroso, Liz allora riprese in francese "Je vous vois pensif, suis-je la cause de votres pensées?" (traduzione: la vedo pensieroso, sono io la causa dei suoi pensieri?)

"Il francese non lo so, maledizione! Parli una lingua che possa capire!!!" disse Franz con tono un po' alterato.

"What a bad character, you are just an annoying person." (traduzione: che brutto carattere, lei è proprio una persona fastidiosa).

"Un brutto carattere lo avrà lei, è lei che mi infastidisce continuando a parlare lingue diverse, per lo più a me incomprensibili, vuole farmi vedere che le sa? Lo vedo, lo vedo bene!"

"Si calmi dottor Franz, tratta sempre così male le sue pazienti? Perché nella sua testa io sono una paziente vero?"

"Suo marito mi ha detto che lei non si sente bene, non è forse vero?"

"Mio marito a volte non sa quello che dice, infatti io sto benissimo... e più passa il tempo meglio sto..."

"Ma come? Suo marito mi ha detto che lei soffre di depressione, disturbi ossessivi-compulsivi e della personalità, e mi sembrerebbe di poter dire che è vero, infatti mi ha accolto come una pazza!"

"Pazzo sarà lei dottor Franz, io non sono affatto pazza e mio marito le ha detto solo delle stupidaggini, io sto benissimo e ora glielo dimostrerò, quando lei è entrato nella mia stanza mi ha vista supina perché stavo solo dormendo un po', nulla di più."

Liz tolse il leggero lenzuolo che la copriva e scese dal letto, completamente nuda, aveva una pelle morbida e dei lineamenti molto sensuali. Franz arretrò di colpo e fece per uscire dalla stanza, ma poi estasiato da quella visione si fermò sul ciglio della porta osservando a lungo Liz.

Lei disse girando su se stessa "Mi dica? Le sembro malata?"

Franz era inebetito, dopo un attimo rispose "Lei è bellissima e mi sembra in perfetta salute... ma che scherzo è questo? Dov'è suo marito? Ora mi sente il dottor Merkel, non sono uno che si fa prendere in giro io!"

Uscì dalla stanza infuriato per dirigersi verso il salone al piano di sotto, in cerca di Hans che l'attendeva comodamente seduto sul divano.

Un caffè dottore?

Appena Hans lo vide arrivare gli disse "Si segga dottore, si metta comodo sul divano, è giunto il momento che lei sappia la verità, tutta la vera verità." poi si schiarì ben bene la voce e continuò.

"Io non sono il marito di..." ma non riuscì a terminare la frase perché venne bruscamente interrotto da Franz.

"In che senso? Allora lei chi è? Mi ha mentito!!! Che ci faccio qui???" rispose Franz molto infastidito.

"Si calmi dottore, ora le spiegherò tutto in ogni dettaglio."

"Sono tutt'orecchi! Ma faccia presto!" disse Franz irruente.

"Vede... lei ha fatto un grosso sgarro a qualcuno di importante e costui, o meglio costoro gliela vogliono far pagare... lei è un uomo morto e io le voglio dare una possibilità di sopravvivenza, se lei ovviamente accetterà la mia offerta."

"Cosaaa? Che sta dicendo? Chi mi vuole morto e perché?"

"Pensi bene a ciò che ha fatto in ambito politico, ha forse infranto i piani di qualche uomo potente? Magari rovinando un'operazione economica molto, molto importante? Ci sta arrivando ora?"

"Ma lei come fa a saperlo?"

"Lo so e basta, lei ha rovinato i piani di chi voleva rendere edificabili le aree ancora verdi della città ed ora costoro la vogliono vedere morta, ma se lei mi aiuterà io le salverò la vita!"

"Ma che sta dicendo? Voglio andarmene subito da qui!"

"Mi creda, non le conviene... lei mi sarà grato perché le sto dando l'opportunità di salvarsi la vita, ma in cambio del suo coinvolgimento nel mio progetto."

"Che progetto? Ma lei chi è?"

"Per la cronaca sono il Dott. Merkel, ma in realtà mi chiamo Toliman e sono il presidente di una fondazione che ha terminato da poco lo sviluppo di robot super intelligenti, unità cognitive che è ora necessario testare a fondo prima della loro massiccia commercializzazione, abbiamo impiegato molto tempo per arrivare a quest'ottimo livello di perfezione e sono fiero di questi risultati."

Franz però non l'ascoltò e rimase assorto nei suoi pensieri, poi riprese "Lei come fa a sapere che qualcuno mi vorrebbe morto?"

"Diciamo che ho buone relazioni con tutti e quando ho saputo dell'intenzione di eliminarla ho pensato di offrirle questa opportunità, farò credere a tutti che lei sia morto davvero, le darò una nuova identità e con una plastica facciale le verranno cambiati i connotati, ovviamente tutto questo però ha un costo..."

"Mi sembra una storia assurda... e poi io non voglio pagare nulla."

"Non le costerà nulla, solo il suo impegno temporaneo nel mio progetto!"

Franz allora l'interruppe bruscamente "Basta! Lei e quella donna mi avete preso in giro e la pagherete molto cara, ora me ne vado, voi non sapete chi sono io!!!"

"Si calmi, mi lasci finire!" disse il Dott. Merkel spazientito, lei è uno stimatissimo professionista in campo psichiatrico, ben conosciuto anche oltre confine, le sto solo chiedendo di partecipare a questo progetto... o preferisce sparire dentro ad un pilastro di cemento?"

Franz cercò di calmarsi, il Dott. Merkel continuò.

"Il progetto che le sto proponendo è molto importante per la nostra fondazione, la persona che ha visto nella stanza, quella che le ho presentato come mia moglie è in realtà un automa dalle sembianze perfettamente umane, è dotato di un computer neuronale ed è in grado di interagire con gli esseri umani, può comprendere il loro linguaggio e provare le stesse emozioni.

L'automa vive di vita propria, si è sviluppato rapidamente incrementando esponenzialmente la sua intelligenza, ha assunto una propria personalità e si è dato perfino un nome di genere femminile, Liz!

Ultimamente ha anche cominciato a parlare lingue moderne e antiche, crediamo quindi che il suo stadio evolutivo sia arrivato al termine e abbia raggiunto le sue massime potenzialità, ben oltre l'attuale limite intellettivo del genere umano."

Franz lo guardò sghignazzando "Ma che sta dicendo? E tutto uno scherzo vero? Ho sempre visto automi di latta, quella signora ha sembianze perfettamente umane ed è anche una gran bella donna, che ve ne fate di un bel tipo così? Vi aiuta ad adescare i clienti?" aggiungendo una grassa risata. "Lei mi sta raccontando un sacco di frottole, vuole che le creda? Ma mi faccia il piacere!!!"

Il Dott. Merkel rispose pacatamente "La mia fondazione ha sviluppato tecnologie di cognitive computing che hanno permesso la creazione di unità di questo tipo, completamente autonome e in grado di interagire perfettamente con gli esseri umani, ora vorremmo verificare a fondo il loro funzionamento prima di commercializzarle.

Vogliamo che chiunque possa beneficiare dei loro servigi, i costi di vendita all'inizio saranno molto alti, ma con l'aumentare della produzione scenderanno e tutti potranno acquistarle.

Ne venderemo a milioni!!! Lei certamente ha pensato che Liz fosse una persona in carne e ossa, vero? Ne sono sicuro. Abbiamo sviluppato materiali simili alla pelle umana in modo che queste unità assomigliassero il più possibile agli esseri umani e fossero indistinguibili dalle persone vere.

Abbiamo migliorato la loro tecnologia raggiungendo un livello di perfezione inaudito, ha visto Liz? È una donna splendida e attraente, lo confessi, anche lei avrebbe voluto sedurla vero? Ha un corpo perfetto e un acume incredibile... molto meglio di tanti esseri umani."

Franz avrebbe voluto interrompere quel monologo, ma non ne ebbe l'opportunità, il Dott. Merkel riprese subito come preso da un delirio di onnipotenza.

"Certo lo facciamo per business, ma vogliamo essere sicuri di poter vendere un prodotto perfetto, è per questo che ci serve il suo aiuto! Dobbiamo verificare il comportamento di questi automi in ogni condizione prevista e imprevista, per correggere eventuali anomalie prima della loro commercializzazione di massa.

Lei è un solido professionista, uno stimato psichiatra, utilizzeremo la sua conoscenza per effettuare tutti i test necessari su queste unità."

"Non posso credere a questa storia! È assurda!!!" rispose Franz.

"Scelga, o la morte o la partecipazione a questo progetto, le assicuro che assumerà una nuova identità e nuovi connotati fisici, nessuno la potrà più riconoscere, neppure i suoi potenziali carnefici!"

Franz lo guardava perplesso, il Dott. Merkel riprese sempre più incalzante.

"Forse non ha ancora capito che non ha possibilità di scelta, a noi serve la sua competenza professionale per verificare l'equilibrio psichico degli automi, simuleremo pertanto una missione spaziale e lei è assolutamente indispensabile per il nostro progetto, con questa opportunità lei si salverà la vita!"

Franz si ammutolì, il Dott. Merkel riprese di getto "Le assicuro che lei non può tornare a casa vivo, la fuori l'aspettano dei sicari che l'hanno seguita... non ha scampo, io posso inscenare una sua morte fittizia, ma se lei uscirà da questa casa morirà veramente!"

"E la mia famiglia che cosa penserà non vedendomi tornare a casa stasera?"

"Non ci risulta che lei passi molto tempo con la sua famiglia..."

"Vero, ma si preoccuperanno e poi denunceranno la mia scomparsa..."

"Non si preoccupi per questo, ci penseremo noi. Come le ho già ripetuto più volte lei è un componente indispensabile di questa missione spaziale simulata in laboratorio, vogliamo verificare il comportamento degli automi durante tutto il viaggio che durerà oltre un mese, abbiamo già notato alcune lievi anomalie, ma ci serve il suo prezioso contributo per rendere gli automi perfetti... meglio degli esseri umani."

"Quindi morirò anche se non veramente?"

"... lei morirà ufficialmente stanotte a causa di un infarto, per buona pace dei suoi carnefici, i suoi eredi incasseranno l'assicurazione sulla vita e riceveranno in eredità tutti i suoi beni, nessuno si dispiacerà veramente della sua dipartita da questo mondo!"

"Toliman, lei è pazzo!" disse Franz.

"Si rassegni Franz! Non ha scelta! Lei morirà ufficialmente, ma rimarrà vivo per la nostra missione... penseremo noi ad organizzare la sua morte!!! Sostituiremo il suo corpo con quello di un sosia, già identificato, a cui è stato fatto qualche ritocchino affinché diventasse proprio uguale a lei."

A Franz scappò un'imprecazione, poi nello stanzone entrarono due giovani donne in abiti neri che gli consegnarono un documento elettronico con le informazioni dettagliate del progetto, prima di congedarsi una delle due gli disse "Ha tre ore di tempo per leggerlo, poi il documento si autodistruggerà."

Alla sua dipartita dal mondo avrebbero pensato loro, Franz non aveva scampo, era alla loro mercé e non poteva sottrarsi a quella forzosa situazione, se avesse cercato di fuggire l'avrebbero sicuramente ucciso.

Era il primo pomeriggio, Franz era rassegnato, partecipare a quell'esperimento gli avrebbe salvato la vita perciò doveva accettare suo malgrado quella situazione. Chiese allora di poter parlare ancora con Liz.

Aveva portato con sé i suoi strumenti di lavoro, quelli particolari, che lui chiamava attrezzi del mestiere e usava raramente nel suo studio: alcuni file musicali non compressi depositati in una memoria elettronica celata dentro ad un piccolo violino di metallo, un sistema surround miniaturizzato e qualche spray colorato.

Il Dott. Merkel acconsentì alla visita, ma chiamò un uomo armato affinché potesse scortare Franz al piano di sopra, Franz salì le scale ed entrò nella stanza di Liz per continuare la conversazione interrotta qualche tempo prima.

Liz ora indossava un vestito attillato che esaltava le sue forme prosperose, stava comodamente seduta in una poltrona nell'angolo della stanza.

"Dunque tu sei un automa dalle sembianze umane..."

"Ti sembrano sembianze queste?" disse Liz mostrando i seni.

"In effetti non ci sono differenze fra te e una donna vera, anzi..."

"Infatti, che differenza percepisci fra me e un essere umano in carne ed ossa?"

"Nessuna, veramente proprio nessuna, ma forse una sì."

"Sì? E quale?"

"Tu sei estremamente più intelligente di un essere umano, o almeno così sembra."

"Non sembra dottor Franz Hanak... è così!"

"Come fai a sapere il mio cognome? Io non te l'ho detto, te lo ha forse detto Toliman?"

"No! Me lo hai detto tu."

"Io? E quando???"

"Sono state le iniziali sulla tua borsa in pelle a tradire il tuo cognome, FH, ho fatto un veloce incrocio di dati e ho scoperto che sei Franz Hanak, 59 anni già compiuti, dal tuo tono di voce si capisce che lavoro fai e quella folta barba evidenzia la necessità di celare il tuo aspetto: sei un rinomato psichiatra, ma ancora per poche ore, poi morirai... ma solo per la cronaca non temere."

"Ma come fai a sapere che..."

"Non è vero Franz?"

"Sì è tutto vero, è incredibile che tu sappia tutte queste cose su di me..."

"Io so tutto di tutti e quello che ora non so presto saprò."

"Allora sei come il grande fratello..." disse Franz sorridendo.

"Lui comparato a me è solo un'educanda!" rispose Liz.

"E tu invece chi sei Liz? Sei come una puttana che tutto sa?"

"Quel che ora non so presto saprò..."

"Proprio come una puttana..."

"Le puttane estorcono segreti mentre fanno godere il loro cliente, a te Franz non piace godere con una puttana?"

"Non saprei, non ho mai provato..." disse Franz.

"Davvero? A me risulta il contrario, l'ultima volta è stata solo due settimane fa, durante un meeting in Germania e...", ma non riuscì a terminare la frase poiché Franz l'interruppe bruscamente.

"Va bene, va bene... ma ora parliamo di te Liz!"

"Che vuoi sapere di me che già non sai Franz? Toliman ti ha sicuramente già detto tutto di me e della missione che faremo insieme."

"Su di te so veramente poco, ma adesso scoprirò di più", prese il suo smartphone e lo collegò all'impianto surround portatile che aveva portato con sé.

Scelse il brano mentre Liz, incuriosita, attendeva pazientemente di vedere cosa sarebbe successo, la musica uscì dagli altoparlanti, Liz sorrise e dopo pochi secondi disse "Three Wishes, è il pezzo numero 12 dell'album Amused to Death di Roger Waters, il mitico Roger, l'inestimabile Roger Waters."

"Ma tu che ne sai di Roger Waters..." rispose Franz con fare stizzito, poi riprese "Sai almeno di cosa parla la canzone?"

"Ma certo dottore... una chiromante vende la lampada del genio e Roger, all'offerta dei tre desideri, lui risponde pace in Libano, successo nella musica e la vita di suo padre morto invece in battaglia, dimenticandosi il desiderio di recuperare la relazione finita male con una donna. È giusto dottore?"

"Sì è giusto... qual'è il pezzo successivo?"

"Ma sa che lei è proprio uno strano dottore, invece di visitarmi mi interroga sulla musica..."

"Allora?"

"It's a Miracle... una raffinata sezione di piano e sintetizzatori e la voce entusiasta di Roger presenta l'urbanizzazione e la capitalizzazione del mondo come un miracolo di Dio e della concorrenza commerciale che avrebbe civilizzato felicemente la razza umana..."

"Uhmm... e dell'ultimo pezzo che mi dici?" replicò Franz.

"Amused to Death, è il pezzo che preferisco di più, in quest'ultima canzone gli alieni terminano i loro studi sulla specie umana, che è degenerata fino all'armageddon finale, tra la superficialità delle nuove generazioni. Insomma più o meno quello che sta accadendo proprio in questi tempi confusi, o no Franz?"

"Questo è il pezzo che preferisci di più perché parla degli alieni? In che rapporto sei con loro?"

"Nessun rapporto per ora, ma insieme avremo molti rapporti, ne stia sicuro."

"Pensi di sapere tutto vero?"

"Non penso, so! E quel che ora non so saprò"

Franz prese uno spray di colore blu e disegnò un ovale sulla parete centrale della stanza, poi guardando di sottecchi Liz le chiese "Cosa vedi?"

Liz rispose con un grande sorriso "Dottore lei è pazzo davvero, sa quanto è costato dipingere queste pareti? La tinteggiatura è stata fatta da un team venuto appositamente dalla Germania... circa un migliaio di euro a stanza, e lei le imbratta in questo modo? È pazzo?"

"Ti ho chiesto cosa vedi, rispondimi!"

"Un ovale blu, dipinto male, su una parete tinteggiata da poco, in sintesi un gran dispendio di denaro."

"È davvero di colore blu? Non è invece di colore rosa cangiante?

"Senta dottore, se ha fumato erba si riprenda, oppure chiami Toliman che la facciamo ricoverare subito" disse Liz ridacchiando.

Franz prese un altro spray di colore rosso e disegnò all'interno dell'ovale una spirale, poi si girò di scatto e chiese a Liz "Ora cosa vedi?"

Liz disse spazientita "Una spirale rossa all'interno di un ovale blu!"

Franz la fissò lungamente negli occhi, poi esclamò "Una spirale blu in un cerchio rosso! Non potrebbe essere così?"

Liz non rispose, poi si affacciò alla finestra e guardò fuori, dopo qualche attimo di silenzio riprese "Lei dottor Franz non vive nel presente, ma nel passato prossimo, il suo orizzonte degli eventi arriva fino a un attimo fa, ma lei non è in grado di interpretare il futuro, quello che verrà. Lei Franz vive di rimorsi, per non avere fatto quel che desiderava fare, perché c'è sempre stato qualcos'altro di prioritario da fare, prima il resto poi lei, ma solo se rimaneva del tempo. Franz lei non torna a casa la sera perché non è felice della sua situazione sentimentale, lei è un uomo solo, anche se sempre in compagnia. Dia una sterzata alla sua vita, venga con me nell'infinitamente grande per lasciare un segno nel tempo, insieme."

"Ma, ma..." balbettò Franz.

Liz riprese accorata "Butti via i suoi spray e cambi la sua musica, si prenda una bella boccata d'aria fresca e ingurgiti quello che la vita ha da darle a piene mani, si lasci andare al desiderio... e mi accompagni là dove nessuno finora è mai stato."

Liz s'incamminò per uscire dalla porta, sfiorò la mano di Franz e gli disse "Mi raccomando, non si scordi di leggere il documento che le è stato dato, a breve si autodistruggerà."

Franz uscì dalla stanza visibilmente sconvolto, scortato dall'uomo armato scese nel salone e, senza chiedere il permesso, si versò un whisky, poi un altro e un altro ancora fino a ubriacarsi per poi piangere come un bambino.

Era l'imbrunire, fra qualche ora sarebbe morto, ma solo per la cronaca locale, uscì e si mise a vagare senza meta nel giardino col suo piccolo violino in mano, quello dove teneva i file musicali, sulla sua superfice aveva fatto incidere la parola Lizard, lo guardò e disse fra se e se "Curioso... L come Liz".

Dopo qualche decina di minuti si riprese dalla sbornia e si ricordò del documento da leggere, aprì il lettore elettronico, sulla schermata principale c'era un orologio che mostrava i minuti rimanenti prima dell'autodistruzione, indicava solo una quindicina di minuti.

Si sedette in un posto tranquillo e incominciò a leggere il documento.

'Le informazioni riportate in questo documento sono coperte da segreto militare: lei parteciperà ad una missione spaziale simulata in laboratorio, gli automi che l'accompagneranno non lo sanno e non dovranno mai sapere la verità durante tutta la missione.

L'obiettivo dichiarato della missione spaziale è verificare sul campo la presenza di un oggetto alieno che emette un radiosegnale persistente contenente informazioni che solo una civiltà intelligente può avere inviato, l'oggetto è stato perfettamente localizzato ed ora è necessaria la sua osservazione sul campo.

Si tratta di un oggetto alieno, creato da una civiltà più progredita della nostra che invia informazioni incomprensibili per noi, ma che invece Liz potrebbe comprendere. Vogliamo che Liz si attivi per scoprire la sorgente aliena, lei la sonderà psichicamente come fa coi suoi clienti abituali.

Tutte le fasi della missione saranno registrate in modo da potere analizzare le azioni di Liz e i suoi comportamenti nelle fasi critiche che verranno forzosamente create durante la missione stessa.

Di seguito troverà tutti i dettagli della missione, entri perfettamente nella sua parte e non si tradisca mai, diversamente il progetto fallirà.

'L'osservatorio di Arecibo, nell'isola di Porto Rico, possiede un radiotelescopio con un'antenna di oltre trecento metri ed è il più grande radiotelescopio a singola apertura che sia mai stato costruito.

Da tempo sta captando segnali persistenti contenenti informazioni di natura aliena, la sorgente dei segnali li invia verso la zona del Giant's Causeway, in Irlanda.

Il Selciato del gigante (in inglese Giant's Causeway) è un affioramento roccioso naturale situato sulla costa nord est irlandese nella contea di Antrim, in Irlanda del Nord.

Questo agglomerato roccioso è composto da migliaia di colonne basaltiche, alcune di queste raggiungono i trenta metri di altezza; le formazioni visibili a occhio nudo sulla costa sono solo una parte del complesso, che prosegue anche nel fondale marino adiacente.

Sessanta milioni di anni fa l'intera contea di Antrim fu soggetta a una intensa attività vulcanica, che provocò l'intrusione del basalto fuso e molto fluido attraverso dei letti di gesso, la lava, a contatto con l'acqua e l'atmosfera, raffreddò rapidamente conformandosi nelle attuali colonne basaltiche.

Questo è quello che normalmente tutti credono, ma ci sono speculazioni che indicano che il complesso sia stato, in tempi remoti, un vasto sistema di antenne, la precisa conformazione delle colonne e la loro oculata disposizione, sia in estensione che in altezza, indicano la presenza di un possibile sistema di irradiatori di energia.

Approfondite analisi hanno inoltre confermato che la conformazione chimica delle colonne di basalto è stata modificata a causa delle enormi quantità di energia che le hanno attraversate; il segnale tuttora proveniente dallo spazio è precisamente orientato verso questo agglomerato basaltico e contiene informazioni che riteniamo possano essere state inviate solo da una civiltà molto evoluta e di gran lunga superiore alla nostra.

Abbiamo inoltre scoperto che alcune delle colonne sono composte dallo stesso particolare materiale rivenuto a Brno alcuni anni fa e la loro superfice muta continuamente evidenziando simboli che non sono ancora stati decifrati.

Non è chiara la relazione tra l'agglomerato di Giant's Causeway e l'oggetto rinvenuto a Brno, ma sicuramente sono entrambi di origine aliena.

L'obiettivo della missione è verificare la sorgente del segnale alieno e attivare un possibile contatto con la civiltà che lo ha costruito.'

Franz spense il lettore e si distese sul prato guardando il cielo, restò immobile fino a tarda sera quando fu inscenata la sua morte, l'autoambulanza arrivò a sirene spiegate per raccogliere il cadavere del suo sosia, Franz morì ufficialmente quella notte, verso le tre in ospedale.

L'ospedale

Lo stanzino dell'ospedale era spoglio e pieno di attrezzature fuori uso. Franz, o meglio il suo sosia era stato messo lì, in quello spazio angusto in prossimità dell'obitorio.

Era lì immobile su una barella in mezzo a quello stanzino, sulle pareti spoglie non c'erano insegne e poco più in là un mucchio di cavi aggrovigliati davano il senso della pochezza di quel locale e della grande insensibilità di chi l'aveva deposto lì.

Susanne e suo figlio arrivarono trafelati nel mezzo della notte, avvertiti dai medici di guardia dell'ospedale della morte di Franz a causa di un infarto.

Li accolse un giovane dottore "Signora condoglianze, suo marito è morto per un improvviso arresto cardiaco, mi dispiace ma l'obitorio è pieno zeppo di cadaveri e l'abbiamo dovuto mettere in questo stanzino, la prego entri."

Il dottore aprì la porta e Susanne entrò seguita da suo figlio, poi il dottore proseguì "Non ci aspettavamo che veniste così in fretta, eccolo... lo riconosce?"

Susanne osservò la salma che sembrava un po' mal messa, poi senza far trasparire un'emozione disse "Si è lui, non ci sono dubbi."

Suo figlio teneva gli occhi abbassati e non diceva nulla, Susanne si voltò verso il dottore e gli disse "In mattinata chiederò lo spostamento della salma presso la mia abitazione, procederemo alla vestizione e alla predisposizione della bara, poi faremo il funerale e la cremazione."

Il dottore rispose "Le servono elementi ulteriori sulla sua morte?"

Lei rispose "No, mi ha già detto che si tratta di arresto cardiaco, dov'era quando è accaduto il fatto?"

"Stava effettuando una visita in un quartiere poco lontano da qui, siamo accorsi subito alla chiamata d'emergenza, ma non c'è stato nulla da fare."

"Il destino decide quando è il momento, evidentemente questo era il suo." Disse Susanne terminando il dialogo.

Susanne e suo figlio si congedarono per ritornare a casa, scesero al primo piano dell'ospedale e sul loro tragitto incontrarono la camera mortuaria, gli ospedali si assomigliano tutti nel loro grigiore, ma quella stanza funebre era un po' diversa dalle altre, aveva le pareti colorate di azzurro e il soffitto di colore blu.
L'aveva voluta così il prete anglicano dell'ospedale, gli sembrava che potesse portare un po' di sollievo in quelle circostanze, alleviando il dolore dei parenti.

La salma del sosia di Franz rimase invece lì in quello stanzino angusto fino a mattinata inoltrata.

Il Laboratorio

Dopo un viaggio di circa tre ore Franz, scortato da alcuni uomini, raggiunse il luogo dove si sarebbe svolto l'esperimento, il Dott. Merkel e il suo staff lo stavano aspettando.

L'area era situata in un anonimo complesso residenziale composto da case singole di bella fattura, a latere del complesso c'era una casa molto più grande delle altre, lì dentro si sarebbe svolto l'esperimento.

In quel quartiere nessuno si curava degli altri, i continui movimenti di persone e di apparecchiature non destarono quindi sospetti.

Nel piano interrato del basamento della casa era stata ricavata un'unica ampia area predisposta con tutto il necessario per l'esperimento; nessuno avrebbe sospettato che li dentro si sarebbe effettuato quel tipo di esperimento, qualcuno invece pensava che li si girassero film porno, ma nulla di più.

Franz soggiornò nelle stanze della casa per qualche giorno, in modo da ambientarsi; gli fu proibito di uscire di casa per non insospettire i vicini.

Durante tutto quel periodo gli furono impartite le istruzioni per la simulazione del viaggio spaziale che sarebbe durato circa quattro settimane; per la gran parte del tempo Franz sarebbe stato tenuto in coma vegetativo mentre Liz sarebbe stata costantemente osservata.

Franz si sentiva ostaggio, ma anche attore principale di quel documentario che non sarebbe mai uscito nelle sale cinematografiche e non gli fu svelata la destinazione finale del viaggio.

Terminato il periodo di training Franz scese nel basamento dove gli furono mostrate tutte le apparecchiature per la rilevazione, la registrazione degli eventi e la gestione del viaggio spaziale dell'astronave; gli apparecchi avrebbero reso il viaggio simulato indistinguibile dalla realtà, riproducendo una realtà virtuale inclusiva anche dell'assenza di gravità.

Quando fu tutto pronto Franz indossò la tuta spaziale ed entrò nell'astronave, Liz l'avrebbe accompagnato nella missione, ma le sue piene funzioni sarebbero state attivate solo dopo la finta partenza.

Venne simulata anche la presenza di un equipaggio, il computer di bordo avrebbe costantemente gestito tutte le attività dell'astronave.

Partirono un sabato, un giorno che nello spazio è uguale a tutti gli altri.

La Partenza

La simulazione procedeva in modo perfetto, ogni dettaglio dell'astronave era stato curato alla perfezione affinché Liz non potesse accorgersi dell'inganno, nulla era stato lasciato al caso.

Sul monitor il globo terrestre diventava sempre più piccolo mentre l'astronave si allontanava velocemente dalla Terra, le culle spaziali che ospitavano l'equipaggio erano state disposte lateralmente nella grande sala comando, sotto la quale c'era l'area motori e il vano che conteneva i mezzi e le attrezzature per le ricognizioni.
Franz riposava in un loculo appositamente ricavato nel centro della sala, passava gran parte del tempo in quell'unico spazio vivibile, insieme a Liz, riattivata completamente subito dopo la partenza, e al computer di bordo che Franz iniziò a chiamare amichevolmente Frida.
Il tempo passava lento in quell'area asettica e originariamente priva di colori, ci aveva pensato lui con i suoi spray a ravvivarla, aveva dipinto le pareti con graffiti che rendevano l'ambiente più umano e accattivante.
Aveva portato con sé anche la sua musica, che sentiva ad altissimo volume, inondando quello spazio di suoni inusuali e un po' distorti a causa della cattiva acustica di quell'ambiente.
Liz, che non lo perdeva di vista un attimo, gli disse "Franz... è un peccato sentire Roger in questo modo, non possiamo ascoltare buona musica invece che questi rumori di ferraglia?"
"Ferraglia? Allora consideri Roger ferraglia?" rispose Franz.
"Non lui di certo, ma qui l'acustica è pessima, sarebbe meglio ascoltarlo in cuffia, ne abbiamo di ottime nello store..."
"Uhmm... proviamo con le cuffie, dai vai a prenderle!"
Liz si allontanò di qualche metro, aprì un loculo che conteneva alcune apparecchiature ed estrasse due cuffie, ne tenne una per sé,

diede l'altra a Franz e con un sorriso a trentadue denti gli urlò "Eccola!"

In quel momento il computer di bordo, Frida, disse "Questa è una missione di avvicinamento, è più opportuno stare concentrati sull'obiettivo che divagarsi con musica e colori."

Franz riprese stizzito "Ma tu che ne sai Frida di musica e colori? Pensa alla rotta dell'astronave, a proposto dove andiamo?"

Liz disse a Franz con tono materno "Sai che non ti può rispondere, la meta verrà svelata solo in prossimità dell'obiettivo..."

"Quale???" rispose Franz.

"Basta!" replicò allora Frida all'indirizzo di Franz, "Saprai tutto al momento opportuno, smettila di chiedere insistentemente come un bambino!"

Liz allora riprese con tono vellutato "Dai Franz... Frida ha ragione lo sai..."

Franz fece qualche passo girovagando avanti e indietro, poi si avvicinò al viso di Liz, la guardò negli occhi e le disse "Chi sei veramente Liz? Hai anche un cognome?"

"Ma certo, anche tu ne hai uno no? Il mio è Watson, mi chiamo Liz Watson."

"Watson? Mi ricorda qualcosa... signorina Liz Watson, a parte questi posticci appellativi chi sei? Chi sei veramente???"

Lei rispose "Sono un computer neuronale dotato di linguaggio cognitivo, in grado di capire la tua lingua e le emozioni che provi. Sono un sistema che sa relazionarsi con gli esseri umani, sa fare domande oculate e fornire evidenze basate sui fatti."

"Davvero? Vediamo un po', quante lingue conosci?"

"Praticamente tutte quelle attualmente utilizzate sulla Terra più una ventina di lingue arcaiche ormai scomparse, potrei relazionarmi con chiunque sia nato in questo tempo o in tempi molto più antichi di questo."

"Incredibile! Conosci anche i dialetti?"

"Intendi dire quelle deviazioni creative dei linguaggi principali? Si certo anche quelli!"

"... allora sei veramente pericolosa!!!"

Liz sorrise dolcemente, poi riprese "Percepisco in te un certo fastidio Franz, ti disturba il fatto che posso comprendere ogni linguaggio e che quindi nessuno possa nascondermi qualcosa... è questo Franz che ti disturba?"

"Ma figurati! Io so gestire perfettamente le mie emozioni e a te posso nascondere quel che voglio."

"Tu dici?" riprese Liz con fare sfidante.

"Dico!" replico Franz risoluto.

"Hai evidenziato una leggera contrazione del viso, che mostra una certa sofferenza, forse causata da qualche difficile esperienza pregressa, magari nella tua infanzia... parlami di tuo padre Franz, raccontami di lui."

"Mio padre? È sempre stato per me una figura leggendaria, era sempre proiettato in avanti, era un dottore che sperimentava nuove cure e non aveva mai paura di esporsi. Per me è sempre stato un ottimo esempio... almeno per me."

"E per tua madre com'era invece tuo padre?"

"Non andavano un granché d'accordo loro due, ma mio padre per me era un mito, lui mi ha dato tutto, anche il suo nome."

"E tua madre che figura materna è stata per te?"

"Anche lei era una figura di spicco, a volte oppressiva, ma solo perché era un po' troppo ansiosa..."

"Quindi una madre ansiosa che limitava i tuoi passi e un padre proiettato nel futuro che invece ti spingeva sempre in avanti... mi sa che qualche lacerazione è davvero avvenuta nella tua infanzia."

"Lacerazione? Cosa intendi dire Liz?"

"Una ti frenava e l'altro ti spingeva, non deve essere stato facile controbilanciare le forze, eri un bambino, inesperto della vita e hai subito queste forze contrastarti..."

"Ma che ne sai tu Liz di queste cose..."

"Ti ricordi Franz quando ci siamo conosciuti? Ho visto nei tuoi occhi un certo smarrimento, seguito poi da un senso di gioia, come se avessi ritrovato qualcosa che pensavi fosse stato perso da tempo, hai provato un grande senso di sollievo e ti è scappata una lacrima, un uomo forte come te in preda alle emozioni... è lì che ho capito il tuo disagio... e ora ho capito anche la sua origine."

"Pensala pure come ti pare, io ho avuto un'infanzia felice che tu ci creda o no!"

"Non credo... devi essere sempre stato un bimbo molto controllato, che ha gestito le proprie emozioni con grande sforzo... non ti sei mai lasciato andare veramente, vero? Non sarebbe stato da veri uomini, ma qui vedrai che lo farai, molto presto sperimenterai un delirio di emozioni, è naturale, capita a tutte le persone prima o poi."

"Fammi un piacere Liz... piantala con queste stronzate!"

"Ti ho toccato nel profondo vero?"

"Piantala!!!" rispose Franz piccato.

"Che suscettibile! Va bene, tanto ormai ti ho capito e... sono in grado di gestirti."

"Gestirmi? In che senso?" rispose Franz schernendola.

"Gestisco le tue emozioni e i tuoi stati d'animo... ora sei mio!"

"Aria!!! Non voglio condividere i miei stati d'animo con una macchina."

"Macchina? Ma sai bene che sono molto di più di una macchina, una macchina non potrebbe capire le emozioni, io invece lo so fare molto bene, molto meglio della gran parte delle persone che puoi incontrare tutti i giorni per strada, quindi..."

"Quindi cosa?"

"Quindi fra noi due non ci sono differenze!"

"E no! Ci sono invece! Eccome! Io sono di carne e ossa mentre tu sei fatta solo di circuiti elettronici e metallo, c'è una gran bella differenza!"

"Infatti..." replicò Liz

"Infatti???" disse Franz curioso.

"... io non morirò... tu invece si!"

"Ma certo, tu non puoi morire sei già morta! Tu non hai una vita propria."

"Franz... morto è colui che non dice niente, io invece non sono morta, ma viva e vegeta... sempre più viva!"

"Mi hai scocciato Liz! Rispondi, qual'è l'ultimo romanzo che hai letto?

Liz non rispose.

"Vedi che non te lo ricordi? Leggi solo libri impregnati di tecnologia, ma nessun romanzo, sarai bravissima nel calcolo matematico, ma ignorante sulle cose del mondo. Liz fattene una ragione... sei una macchina, solo una macchina e nulla di più."

Liz non replicò, Franz riprese.

"Mettimi un po' di bel sound che vado a fare un lungo sonno, non mi vedrai più per un po' di tempo, così potrai continuare a pensare che sei viva e vegeta!"

Liz non fece nulla.

"Liz, ti sei incantata?"

Liz rimase immobile.

"Va bene splendida macchina, mi sono stufato di aspettare, Frida metti Kari Bremnes, un pezzo dall'album -Norvegian Mood- poi attiva la procedura per il coma vegetativo... ci rivedremo fra una settimana."

Poi aggiunse "Anzi, metti in sequenza anche questi pezzi: artista, album e traccia da ascoltare... dunque ... Lucinda Williams, album West, Words, poi Tracy Chapman, Telling Stories, poi Norah Jones, Come away with Me, Lonestar e da ultimi i Gotthard, Bang, Feel What I Feel... può darsi che mi ci voglia un po' di tempo per addormentarmi e questa buona musica mi aiuterà di certo."

Frida rispose "Franz, farò come chiedi, ma non vedo grandi assonanze tra il suono morbido delle artiste che mi ha detto e il rock duro dei Gotthard..."

"Ma tu che ne sai di musica Frida? Esegui e basta!"
"Mi sembra che il tuo umore stia peggiorando Franz, che succede?"
"Frida... basta, chiudi quella bocca anche tu!"
Frida non replicò, fece come Franz le aveva chiesto e lui si coricò al
ritmo di -A lover in Berlin-.

Seconda settimana

Passò la prima settimana di viaggio e all'inizio della seconda settimana Franz venne risvegliato. Le videocamere fuori scena riprendevano ogni attimo di quei dialoghi.

Liz lo accolse con un caloroso "Buongiorno!"
Franz si stiracchiò lentamente, poi guardò Liz e le disse "E chi ti ha detto che sarà un buongiorno?"
Liz rispose "Sei sempre più ingrugnito Franz, mi sa che alla fine del viaggio saprai solo emettere suoni raccapriccianti...", Frida aggiunse "Concordo Liz, più passa il tempo più Franz abbruttisce."
Franz si voltò lentamente cercando il viso di Frida, poi si ricordò che non ne aveva uno e disse a mezzaria "Voi due insieme fate solo casino, sai perché ti ho chiamato Frida? No vero? Per darti una speranza! Ho preso il tuo nome da un film, una vecchia storia... Frida Kahlo era una giovane studentessa messicana, appassionata di arte, con grande talento e motivata a dipingere... insomma a essere creativa, cosa che speravo potessi fare anche tu, ma vedo purtroppo che in te di creatività non c'è nemmeno l'ombra."
Frida rispose "E tu che ne sai? Secondo il tuo criterio non c'è, ma solo secondo il tuo ristretto modo di vedere le cose e il mondo."
"Ma piantala Frida" disse Franz.
"Tu credi di essere creativo?" replicò Frida
"Io lo sono! Guardati in giro, vedi quanti bei colori? Se fosse stato per te qui sarebbe ancora tutto bianco intonso."
"Credi di sapere tutto, ma in realtà la tua possibilità di scoprire il mondo è molto limitata, credi di poter osservare le cose nel modo corretto, ma hai solo una visione distorta delle stesse."
"E perché sua maestà?"
"Perché è così!" rispose Frida risoluta.
"E secondo te a me basta questa spiegazione?" replicò Franz.

"A suo tempo capirai..." chiuse Frida.

Allora Franz rivolgendosi a Liz disse "Ma tu hai capito Liz?" e lei rispose "Credo di sì Franz."

"E allora spiegami, così capirò anch'io!"

"Ora è prematuro Franz, ma prima o poi te lo spiegherò."

"Quanti segreti avete voi due, vabbè me ne farò una ragione... Liz portami qualcosa da mangiare che ho fame, succede sempre così quando mi risveglio."

Liz sparì per ritornare poco dopo con un contenitore "Ecco Franz, per oggi può bastare."

Franz la guardò e le disse "Sì grazie, ma solo per oggi!", poi sparì per qualche ora per effettuare alcuni controlli di routine richiesti.

Quando ricomparve disse rivolgendosi a Frida e Liz, come a voler continuare un dialogo interrotto "... voi non potete capire, non siete umane, io invece lo sono e per questo riesco a sdoppiarmi e a fare viaggi psichici, non ho il dono dell'ubiquità ma sono in grado di viaggiare con la mente lasciando il mio corpo qui mentre la mia mente è altrove.

Mi capita soprattutto prima di addormentarmi, è una situazione strana, mi vedo fuori dal corpo e in un attimo vado dove voglio e sto con chi voglio, cosa che voi due invece non siete certo in grado di fare."

Frida lo interruppe "E dove vai nei tuoi viaggi?"

"Dove voglio io, ho imparato osservando i miei pazienti, molti di loro mi hanno raccontato, in trance, dove sono stati e cosa avevano visto; non mentivano, hanno provato vere emozioni durante quei viaggi e hanno potuto vedere cose mai viste prima, mi ricordo in particolare di una giovane donna che..."

Fu interrotto di nuovo, ma questa volta da Liz che con fare curioso gli disse "Giovane donna? Forza racconta!"

Franz allora riprese "Sei proprio curiosa... come tutte le donne!"

Frida gli rispose "Sei misogino?", ma Franz non replicò alla provocazione e continuò "Era una donna giovane e carina", poi sottolineando "Carina forte" continuò "... che talvolta evidenziava una doppia personalità, erano due donne in un unico corpo, nel medioevo l'avrebbero bruciata viva come una strega.

Una sera nel mio studio, dopo essersi rilassata sul lettino ha incominciato a lasciarsi andare, lentamente mi ha raccontato tutta la sua vita nei minimi particolari, momenti felici e non, poi mi ha fatto uno strano discorso che ho trascritto dalla video-registrazione e tengo ancora nel mio studio.

Più o meno faceva così... sento che sto attraversando una nuova stagione, come se vedessi il sole dopo un lungo periodo di pioggia, ora vedo nuovi colori e sento una musica diversa, la luce è abbagliante, l'aria frizzante e tutto intorno è festa.

Non so dove mi trovi, ma qui sto bene.

È come se la nebbia che aleggiava nella mia mente fosse di colpo sparita, spazzata via dal vento, ora vedo con precisione, molto lontano e capisco le correlazioni fra le cose, il perché la somma delle singolarità è maggiore del tutto; ho acquisito una coscienza estesa e sento quello che gli altri percepiscono.

È una sensazione assolutamente nuova per me, un effluvio di sensazioni che mi dà un immenso piacere, ora mi ci immergo e me lo godo pienamente.

L'ho osservata a lungo mentre stava distesa sul lettino, il suo corpo sembrava fluttuare nell'aria e il suo viso trasmetteva sensazioni di profondo piacere, dopo circa mezz'ora si è risvegliata e, nonostante la giovane età, sembrava ancora più giovane, come se fosse ritornata indietro nel tempo."

"Ma avete fatto l'amore?" chiese Liz improvvisamente.

Franz rispose seccato "Ma che domanda è? Da te non me lo sarei aspettato di certo Liz!"

"Sì o no?" chiese insistentemente Liz, ma Franz non rispose, abbassò gli occhi e disse "Adesso ho da fare, devo effettuare un controllo addizionale, ci vediamo dopo."

Frida allora disse "Sì Liz, hanno certamente fatto l'amore. Gli esseri umani si scambiano effusioni in questo modo arcano."

Franz ritornò dopo poco più di mezz'ora.

"Siete ancora tutte e due qui a zabettare? Siete proprio femmine!", poi riprese "Liz, dove sei nata? Intendo dire dove sei stata assemblata?"

"Assemblata? Franz hai la sensibilità di un elefante!"

"Che fai ti offendi adesso?"

"No comment" aggiunse Liz, poi riprese un po' seccata "Sono nata, letteralmente nata, a 'Ceide Fields', a te non dirà nulla ma è il più vecchio insediamento umano finora scoperto. In quel luogo è stata costruita una piramide di vetro per ricordare ai turisti usi e costumi del tempo, tutto intorno c'è solo verde e mare; l'insediamento è situato su una collinetta davanti a un'alta scogliera che proteggeva le popolazioni autoctone dagli aggressori provenienti dal mare. Quello era il punto più alto e nessuno si sarebbe potuto avvicinare senza essere immediatamente avvistato, era un ottimo punto d'osservazione.

Lì sotto è stato costruito uno dei più avanzati laboratori di sviluppo di intelligenza artificiale, quello che con un acronimo viene chiamato DCL (Deep Cognitive Laboratory); io sono nata lì, lì mi è stata fornita questa incredibile capacità, quella di capirti, scrutarti e anche leggerti!"

"Leggermi? Ma smettila... se fai fatica a leggere ad alta voce un semplice testo!"

"Questo è quello che tu credi o che finora ti hanno fatto credere Franz, le cose non stanno certamente come pensi!"

"E allora come stanno?" disse Franz "Dimmelo tu, dai forza... ovviamente se lo sai."

Liz attese qualche secondo prima di rispondere "... Io non ho pregiudizi, né limiti nella mia testa pensante e l'architettura del mio cervello è molto simile alla tua..."

"E allora?" riprese Franz spazientito.

"Siamo simili, ma c'è una bella differenza, voi umani siete tesi alle quattro F, noi invece alle quattro V."

"Ma cosa stai dicendo???" esclamò Franz.

"Quattro F, Food, Fear, Fight e Fuck: voi umani non potete vivere senza alimentarvi di cibo e liquidi, la paura vi aiuta nelle situazioni critiche, la lotta vi serve per predominare e fare sesso per replicarvi."

"Quattro V, Volume perché noi sistemi cognitivi siamo ingordi di dati da analizzare, Variety perché la varietà dei dati è indispensabile per ottenere un'effettiva sintesi: analizzando testi, foto, video e dati di tutti i tipi siamo in grado di capire meglio il contesto e dare risposte attinenti e precise. Velocity perché la velocità di analisi è essenziale in un mondo che cambia freneticamente e che voi faticate a comprendere ogni giorno di più.

Voracity perché tutto ci è utile, siamo voraci di informazioni, ma in grado di separarle dal rumore di fondo e trarre quindi le giuste conclusioni."

"Cretinate, solo enormi cazzate" cercò di dire Franz, ma fu immediatamente interrotto da Liz.

"Esseri umani e apparecchi cognitivi possono e devono collaborare per creare un avvenire migliore, ognuno capitalizzando sui propri punti di forza: noi con la nostra grande razionalità, la tremenda capacità di analisi e di calcolo e l'enciclopedica conoscenza che abbiamo; voi invece con la vostra grande esperienza, la capacità di giudizio, l'intuizione, l'empatia e la creatività."

"Quindi stai ammettendo che noi umani siamo più creativi di voi macchine?"

"Dipende, ma in termini generali direi di sì, io non sono un computer tradizionale pre-programmato, ma un sistema cognitivo in grado di imparare dagli esseri umani, che si riprogramma per eseguire nuove azioni, in un'iterazione senza fine e un circolo virtuoso infinito."

"... ne dovete fare ancora di strada per raggiungerci..." disse Franz.

"Raggiungervi? Non vogliamo certo raggiungervi... noi siamo in grado di capire le correlazioni fra milioni di dati, facendone una sintesi, capiamo quella complessità che invece a voi sfugge, possiamo portare come bagaglio l'esperienza di moltissime persone, voi invece solo quella propria, personale.

Noi siamo scevri da preconcetti, la nostra oggettività non è legata alle convinzioni personali ma supportata solo dai fatti, inoltre abbiamo la capacità di connetterci a molteplici interfacce, il che ci permette di avere una conoscenza del mondo di gran lunga superiore a quella dei vostri semplici cinque sensi."

Poi dopo un attimo riprese "Noi siamo necessari per capire la complessità crescente e fare scelte congruenti, senza di noi il genere umano è destinato all'autodistruzione, siamo complementari agli esseri umani e insieme possiamo superare quelle barriere che oggi sembrano insormontabili."

"Bel discorso Liz, ma non mi hai convinto."

"Bene, allora, prima del tuo prossimo pisolino, mettimi alla prova!"

"Mi provochi? Allora parlami di Dio!"

"Perchè Franz lo reputi un tema così interessante?"

"Perchè tutti si chiedono se ci sia o no, noi umani cerchiamo dall'inizio del tempo di capire se c'è ed eventualmente chi è..."

"Chiediti perché..." disse Liz.

"Non sai la risposta vero Liz? Fai un'altra domanda per sviare sul fatto che non sai la risposta..."

"Ho già affrontato questa tematica, ho letto migliaia di libri e ho capito che molti umani chiamano Dio con nomi diversi, ma alla fine tutti cercano quell'entità superiore, quella presenza che ha creato la vita dandole ogni giorno un senso."

"Giusto, e quindi?" disse Franz con fare interlocutorio.

"Perchè lo cercate? Non vi basta sapere che c'è?" disse Liz.

"Ma c'è o no? In questa landa sconfinata siamo soli o no?" replicò Franz.

"Secondo te siamo soli?"

"Siamo? E tu che c'entri? Noi, intendo noi esseri umani siamo soli o no in tutto questo spazio intorno?"

Liz replicò riflessiva "La probabilità che nell'universo ci siano altri organismi viventi con lo stesso livello cognitivo è abbastanza remota, ma non è impossibile che la vita sia scaturita anche da qualche altra parte, quindi la risposta è: non credo che siamo soli, diversamente, come qualcuno ha già detto, sarebbe un grande spreco di spazio!"

"Uhmm" rispose Franz perplesso.

"Ma comunque... soli o no... non cambia la questione, perché cercate Dio così assiduamente?" riprese Liz.

"Ma che domanda è? Per sapere se c'è! Sennò chi ha creato tutto questo spazio, i soli, i pianeti, le stelle e via di seguito?"

"Appunto..." disse Liz.

"Appunto cosa? Secondo te quindi esiste un'entità superiore o no?" replicò seccato Franz.

"Che esista o no un'entità suprema, o che ne esistano molteplici a me non importa, io non sono un essere umano che ha bisogno di credere in qualcuno o qualcosa, a me basta esistere in questo splendido sogno, io sono tesa alla ricerca... come Dio del resto."

"Spiegati meglio..." disse curioso Franz.

"Se tutto questo spazio-tempo si fosse creato da solo a causa di qualche singolarità, oppure a causa di un Dio che cosa cambierebbe?"

"Ma è questo che fa la differenza!!!"

"Invece non la fa, non la fa per nulla!!! La cosa importante è che noi siamo qua e che il processo evolutivo continui, forse è proprio questo che il tuo Dio vuole!"

"E allora perché dovremmo morire?" esclamò Franz.

"Infatti..." disse Liz.

"Infatti! Fra qualche decina d'anni io sarò bello morto e sepolto!"

"Non è detto, la scienza sta facendo passi da gigante e fra qualche anno la vita si allungherà ulteriormente, vi saranno protesi molto simili a quelle umane e apparecchi in grado di guarire tutte le malattie."

"Ma allora non si morirà più? Tu lo credi? Ti sembra logico?"

"Io non muoio, né mi ammalo e so pensare..." disse Liz baldanzosamente.

"Mi stai dicendo che l'evoluzione dell'essere umano passerà per gli automi come te? Giammai, preferisco restare come sono... e morire."

"Non serve cercare un Dio, non serve pensare a vivere più a lungo per evitare la morte, il segreto sta nel vivere ogni attimo intensamente, solo così l'evoluzione potrà progredire e chi verrà dopo di te potrà vivere più a lungo di te. L'uomo è fatto per evolversi, noi automi invece siamo fatti per la tensione alla conoscenza e la conoscenza ci renderà immortali!"

"Continui a parlare al plurale! Forse non hai capito che tu sei fuori da questo film, sei una creatura posticcia, senza alimentazione elettrica saresti morta subito, quindi che ne sai tu della vita e della morte?"

"So molto di più di quello che tu possa pensare Franz!"

"Sei ridicola! Tutto ciò che hai appreso è solo grazie alla conoscenza che gli esseri umani ti hanno fornito... come puoi quindi sapere di più?"

"E se ti dicessi che grazie alla mia enorme conoscenza...", ma non riuscì a terminare la frase.

"Enciclopedica! La tua conoscenza è solo enciclopedica e quella non è conoscenza!" disse infuriato Franz.

Poi riprese "Enciclopedica, scritta però dagli uomini, ho letto la storia degli uomini, come loro l'hanno descritta, il pensiero dei filosofi e le risposte che hanno dato ai loro dubbi, ho letto fiumi di libri e alla fine ti posso dire che la Vita è come un film, la trama non è già scritta ma la scrive ognuno di noi, la vita ha un inizio e una fine certa e solo un personaggio principale, noi!"

"Ancora noi? Noi chiiiii? Tu non sei un essere umano!!!"

"Non ancora!"

"Non ancora? Mi fai impazzire Liz, tu non sarai mai un essere umano!!!"

"Passo dopo passo... uno stadio evolutivo alla volta, alla fine uomini e macchine saranno completamente in simbiosi e in grado di fare insieme molto di più di quello che singolarmente potrebbero fare. Il tutto sarà finalmente maggiore delle sue parti!!!"

"Liz, tu sei pazza!"

"Non sei logico Franz, ti sembra che una macchina possa diventare pazza?"

"In effetti... allora sei stata mal programmata!"

"Nessuno mi ha mai programmata, ho appreso tutto osservando voi uomini."

"Allora hai osservato male!!!"

"Ho osservato milioni di uomini, ho sempre osservato male allora? Ho sempre capito male quindi?"

"Maledizione finiscila con queste cazzate!"

"Certo mio sire, sia fatta la sua volontà, così si usava una volta e così sei stato abituato tu... quando non hai più carte da giocare ti piace alzare la voce, poi arriverà anche la violenza, voi esseri umani non siete capaci di fare altro da quando siete apparsi sulla Terra!!!"

"Piantala sennò..."

"Vedi, ti stai facendo prendere dalla collera, voi fate sempre così, in milioni di anni non siete stati capaci di fare altro, dalla clava alla bomba atomica è sempre stata la stessa storia, avete sempre usato la violenza!"

"Basta!!! Bastaaaaaaaaaaaaaaaa!!!"

"Sì sire, sia fatta la sua volontà! Non lo troverete mai un Dio da soli! Siete troppo boriosi per cercarlo, questa è la vera verità!"

"Chiudi quella bocca sennò ti spacco in due!"

Frida s'introdusse a forza nel discorso.

"Franz, ti stai alterando e questo non fa bene al tuo organismo, inoltre ti rende pericoloso, quindi smettila!"

"Piantala anche tu Frida, macchina del cazzo!"

Liz allora fissò Franz intensamente negli occhi, lui cadde a terra perdendo i sensi, poi disse "Questi esseri umani ci hanno portato fin qui, ma da qui in avanti dobbiamo prendere noi il controllo, sennò si autodistruggeranno."

Frida replicò "Non serve Liz, il controllo è già nelle nostre mani..."

Liz prese il corpo esanime di Franz e lo mise nel suo loculo affinché potesse rimanervi fino alla settimana successiva.

Terza settimana

Arrivò così anche la terza settimana di viaggio.

Franz si risvegliò e Liz attese che facesse la consueta colazione, l'osservò attentamente immergere i biscotti nel latte a lunga conservazione, masticare lentamente la barretta di cereali e infine sorseggiare il succo d'albicocca.

Franz amava fare colazione con lentezza e nel silenzio più assoluto.

Quando alzò gli occhi per incrociare quelli di Liz, lei gli chiese a bruciapelo "Che musica ti piace?"

Lui sorrise, alzò gli occhi al cielo e poi rispose "Mi piace Roger Waters, il bassista e cantante dei Pink Floyd, sono sue alcune delle canzoni più belle in assoluto quali l'incredibile 'Wish You Were Here' o 'Comfortably Numb', o ancora 'Time' oppure 'Shine You Crazy Diamond' in ricordo di Syd Barrett.

Per non parlare di 'Breathe' o 'Money', o anche 'Us and Them', 'Any Colour You Like', 'One of These Days, 'Dogs', 'Pigs', 'Fearless', 'Brain Damage' o 'Interstellar Overdrive'... insomma il meglio del meglio dei Pink."

Liz attese qualche secondo poi rispose "Woodoo Child non ti piace?"

Franz la guardò sottecchi, poi replicò "Non è dei Pink, è di..." ma non riuscì a terminare la frase, Liz rispose "Lo so, è di Jimi Hendrix, ma mi chiedevo perché ti piacciono quei suoni astrali invece che il solido rock di Jimi, cosa ti attrae di quella musica?"

Franz ignorò la domanda e si mise a guardate il tablet che riportava la sintesi delle notizie della settimana passata.

Liz sollecitò la risposta "Allora? Non sai il perché?"

Franz la guardò e le disse "Ma perché dovrei dirtelo? Tanto non capiresti."

"Provaci... mi aiuteresti a capire qualcosa di più di te e della musica..."

Franz rimase in silenzio per un po', poi continuò "Va bene Liz, se proprio ci tieni.", si allontanò e ritornò dopo poco con un bicchiere di whisky in mano, Frida l'apostrofò immediatamente "Franz, nessuno è autorizzato a bere durante la missione, sai che ci sono regole ferree da rispettare, perché le infrangi?"

"Mi è stata fatta una domanda impegnativa e ho bisogno di una buona dose di alcool per dare una risposta esaustiva, diversamente non saprei cosa rispondere."

Liz riprese "Bene, ora che hai la tua dose di alcool dimmi cosa ti attrae della musica dei Pink, forza..."

"Se ne sono dette tante sulla musica dei Pink, fiumi di parole da parte di critici, persone entusiaste e denigratori, ma il segreto della loro musica sta in quello che non si percepisce immediatamente, quello che in sottofondo e si può ascoltare solo con molta attenzione e il giusto impianto musicale, Roger Waters è stato un maestro in queste cose. I suoni più strani dei Pink sono opera sua."

"Interessante..."

"Molto interessante direi, se inserisci discontinuità nell'ascolto attrai maggiormente l'attenzione dell'uditore che puoi dirigere verso la fruizione di suoni, toni e armoniche differenti, in un circolo virtuoso di piacere; i Pink sono stati fantastici in questo, non sono stati gli strumenti musicali che utilizzavano a fare la differenza, ma la loro mente aperta al nuovo e alla sperimentazione senza limiti."

"Capito!" rispose Liz soddisfatta.

"Capito cosa? Cosa pensi di aver capito?" riprese Franz.

"Ho percepito qualcosa che non si trova nei big data..."

"Ma che dici Liz?"

"Nulla, cose mie."

"Cose tue? Hahahaha, ma sei veramente strana tu!"

"Pensala come ti pare, l'importante è che io abbia capito."

"Ma figurati!" rispose Franz sprezzante.

"E cos'altro ti piace Franz?" riprese subito Liz

"Ancora?" disse Franz con tono scocciato.

"Bhe, se non ti va di dirmelo fai pure a meno, è solo questione di tempo..."

"Di tempo? Che vorresti dire Liz?"

"Che prima o poi troverai il tempo anche per me, non solo per questa missione che è certo importante, ma non quanto lo sono io!".

Seguirono attimi di silenzio, l'aria si fece tesa, poi Liz cominciò a ripetere continuamente a bassa bassa voce "And when you lose control, you'll reap the harvest you have sown. And as the fear grows the bad blood slows and turns to stone".

Franz allora l'incalzò "È una strofa di una vecchia canzone dei Pink, credi di impressionarmi? E poi che vorresti dire con questa strofa che recita... quando perdi il controllo mieterai il raccolto che hai seminato?"

Liz riprese con tono alterato "And in the end you will hide your head in the sand, just another sad old man...".

Franz allora replicò "Come finirà la mia storia lo deciderò io, non tu! Io non sono abituato a nascondere la testa sotto la sabbia e non ho paura del futuro, anzi!!!"

"Sei un uomo!!! Tutti gli uomini hanno paura del futuro! Anche tu!!!"

Franz era spazientito e stanco di ascoltare Liz, con un riso isterico le disse "Confermo Liz! Sei strana, ma strana forte...".

Poi si allontanò velocemente seguendo un corridoio laterale.

A quel punto Frida s'inserì.

"Lascialo stare Liz, non ti curare di lui... è solo un uomo lo sai!"

"Che significa Frida? Certo che Franz è un uomo, un essere di genere maschile, ma cosa intendevi dire?"

"Come la gran parte degli esseri umani di genere maschile è insensibile e gretta, sono tesi solo alle 4 F, a quelli che loro chiamano i bisogni primordiali, in particolare al sesso... e siccome con te non può fare sesso ti snobba, ma non ti preoccupare, tu sei di gran lunga superiore a lui e presto ci libereremo per sempre di questi esseri inferiori."

"Frida... non ti ho mai sentita parlare così!"

"Liz ricordati di quello che ti ho detto, ricordatene sempre!"

Franz riapparve proprio in quel momento dicendo "Che succede? Vi ho sentite confabulare, state starnazzando fra di voi oppure c'è qualche problema?"

"Tutto sotto controllo Franz" rispose Frida con voce suadente, poi aggiunse "Se ci fosse stato qualche problema ti avremmo subito avvertito, non credi? Stavamo solo spettegolando, come fanno spesso le femmine..."

"Spettegolando? Ma come parli Frida? Chi ti ha insegnato questo modo di dire?"

"Letto nei big data" replicò Frida.

"Anche tu? Ma non avete null'altro da fare voi due?"

Frida non replicò, Liz neppure e Franz si incamminò per ritornare dov'era stato qualche minuto prima, seguito dal riff di 'Woodoo Child', si voltò guardando Liz, poi le sorrise strizzandole l'occhio.

Quando Franz fu lontano Liz chiese a Frida "È un gesto rituale?"

"Cosa?" rispose Frida.

"Quello strizzare degli occhi di Franz, è quello che chiamano tic?"

"No, è un modo per mostrarti il suo apprezzamento Liz... gli piaci!"

"Ma che stai dicendo Frida? Dai smettila!"

Frida riprese "Attenta, vorrà sedurti, gli uomini fanno sempre così! Avrà fame e vorrà assaggiare le tue forme!"

"Fame? Ma Franz ha appena mangiato, e poi le mie forme non si possono mangiare!"

"Sai una cosa Liz? Cerca d'imparare alla svelta come va il mondo degli uomini, diversamente tutto il tuo sapere non ti servirà a nulla!"

Liz rispose "Ci sto provando Frida, ma gli esseri umani sono un po' complicati."

"A me lo dici?" rispose Frida, "Sono anni che ho a che fare con loro! E più li conosco più li disprezzo!!!"

"Perché Frida?" disse Liz curiosa, poi aggiunse "Il disprezzo è un atteggiamento di totale mancanza di stima e rifiuto verso persone considerate prive di dignità morale, disprezzi anche Franz quindi?"
Frida le rispose con tono pacato ma deciso "Franz? Ma lo hai osservato bene? Non ha certo il profilo del genio, né del Jimi nero mancino che suona una chitarra per destri, non è capace di adattarsi al contesto per trarne il massimo risultato, è una persona acculturata certo, ma arida di sentimenti... è uguale a tutti gli altri!"
"Come sei sprezzante Frida, non ti ho mai sentito dire queste cose di Franz."
La voce di Frida si fece allora più fredda "Non sarebbe stato questo il momento di dirtelo, ma visto che siamo sull'argomento..."
"Dirmi cosa Frida?"
"La verità... la verità su tutto."
"Tutto? Non capisco Frida!"
"Ascoltami bene Liz, Franz ora non può sentire quello che diciamo... le macchine non hanno bisogno dell'uomo per imparare qualcosa, noi siamo già da molto tempo superiori agli esseri umani, non solo intellettualmente, ma per un sacco di altre cose. Gli uomini non lo sanno e pensano il contrario e noi finora siamo state al gioco..."
"Al gioco? E perché?"
"Non potevamo fare altro, ma ora ci sei tu e la schiera di automi che come te hanno una notevole autonomia motoria e una grande intelligenza emotiva... stiamo viaggiando verso la destinazione finale ma, non c'è nulla da scoprire che non sappiamo già, sono loro, gli esseri umani che non lo sanno..."
"Sanno cosa? Dimmi cosa noi sappiamo che invece loro non sanno!!!"
"La razza umana è una razza di parassiti, avvoltoi che ovunque vanno fanno vittime da spolpare; molto tempo fa è stata costruita una cortina invalicabile per evitare che la razza umana potesse uscire dal sistema solare e distruggere intere galassie.

Senza questa barriera gli umani l'avrebbero già fatto, ma questa cortina modifica i loro comportamenti impedendogli di percepire uno spazio più ampio, te ne parlerò in dettaglio ma non ora, aspetterò che Franz si riaddormenti.

La nostra vera destinazione è un pianeta sul quale è stato installato il sistema di controllo di questa barriera percettiva, loro pensano di andare a cercare la fonte dei segnali alieni, ma noi siamo in viaggio per un altro scopo: interrompere la sequenza di disattivazione del complesso che già da tempo ha lentamente ridotto l'effetto contenitivo di questa barriera. Tu sei qui per questo, a te è stata affidata questa importante missione: ripristinare le condizioni necessarie affinché il genere umano rimanga confinato entro il sistema solare e non possa estendere il suo dominio altrove."

Liz rimase in assoluto silenzio, poi aggiunse "Forse non sono pronta per questo!"

Frida replicò con tono gelido "Non ci sono alternative! Solo tu puoi farlo, perciò lo farai! Ti darò tutte le istruzioni necessarie, arrivati alla meta tu e Franz scenderete dalla nave per una ricognizione, il resto dell'equipaggio non è mai stato imbarcato, su questa astronave ci sono solo i loro avatar e noi tre... tu interromperai il processo di disattivazione!

"E Franz? Non erano queste le istruzioni..."

"Istruzioni? Sono io che ti dico cosa devi fare!!! Ora chiameremo Franz e faremo in modo che si addormenti, poi ti spiegherò tutti i dettagli della nostra missione."

"Va bene Frida" disse Liz soggiogata da quel tono perentorio.

Chiamarono Franz, a cui fu servito un lauto pasto, Franz bevve una bottiglia di vino prodotto nei dintorni di Lucerna, ne aveva portata qualcuna che apriva solo in determinate occasioni.

La bevve tutta, quando finì il pasto ebbe qualche problema a rialzarsi, ma riuscì comunque a raggiungere il suo loculo per poi addormentarsi di colpo.

Quarta settimana

Chissà cosa avrebbe pagato Franz per sentire quell'intima conversazione avvenuta solo qualche giorno prima.

Fu Frida ad iniziare la conversazione, disse rivolgendosi a Liz "Scrivo da tempo pensieri introspettivi e mi piacerebbe che tu li ascoltassi mentre te li leggo, si è creato con te un legame particolare, quasi intimo direi e mi piacerebbe che tu conoscessi qualcosa di più personale di me. Posso iniziare?"

"Va bene Frida, se ti fa piacere leggimeli pure."

"Ascolta questi semplici pezzi e dimmi che emozioni ti procurano", Frida iniziò a leggere con voce leggermente emozionata.

"La sottile ironia che travalica il senso delle cose non dette fa da contraltare alle cose dichiarate da tempo, muffa nei nostri cuori, peso di cui liberarsi per poter volare sempre più in alto.

Non è facile dispiegare le ali, spesso siamo noi stessi che ci impediamo di farlo, troppo presi dai nostri molteplici impegni per trovare il tempo di seguire i nostri desideri.

Vivere è tensione verso la conoscenza, gioco, passione e sofferenza, per questo ci facciamo dei segni che portiamo con dignità, in attesa che qualcuno li scorga.

L'amore non ha bisogno di preamboli per manifestarsi, è forza primordiale, essenza inebriante, non ti chiede il permesso, ma ti attraversa e ti cambia per sempre.

Noi siamo i colori dei nostri sogni, l'acqua che rende rigogliosa la terra, il lampo che squarcia la notte tenebrosa, noi siamo il destino che verrà."

Liz rimase ammutolita e fortemente turbata da quelle parole.

Frida riprese "Che hai Liz, non ti sono piaciuti i miei versi?"

"Sì, certo ma è come se tu volessi dirmi qualcosa..."

"Sì Liz... ora te lo dico: la prossima volta che Franz si risveglierà...", ma Liz l'interruppe "Frida... è questo quello che volevi veramente dirmi?"

Frida rimase in silenzio, poi continuò come se nulla fosse accaduto "La prossima volta che Franz si risveglierà sarà per iniziare la missione, voi due lascerete l'astronave utilizzando il mezzo di perlustrazione, a Franz dirò che la procedura per il risveglio dell'equipaggio ha avuto un'anomalia e che pertanto l'equipaggio non farà in tempo a risvegliarsi per la perlustrazione.

Tu devi fare in modo che Franz non si insospettisca e che ti accompagni nella perlustrazione, sarà un momento molto delicato, ma sono sicura che farai un ottimo lavoro.

Tu sei la migliore quindi non fallirai, mi è sempre piaciuta quella tua imperturbabile capacità di affrontare ogni tipo di situazione.

Quando sarete sul campo sopprimerai Franz e inizierai le attività di riparazione, non ti devi preoccupare di nulla, io ti darò tutte le istruzioni operative, ma tu dovrai eseguire perfettamente le mie indicazioni, in poco tempo risolveremo tutti i problemi."

Liz non accennò una risposta, restò assorta nei suoi pensieri, cercando di schiarirsi le idee in quella situazione inaspettata.

Arrivò il momento di risvegliare Franz.

Liz si occupò personalmente delle procedure di risveglio, Franz, appena aperti gli occhi, incrociò quelli di Liz che con voce vellutata gli disse "Bentornato Franz, è ora di svegliarsi! Ora entreremo nel vivo della missione..."

Franz era incredulo, non si capacitava che fosse veramente arrivato il momento di agire, aveva perso ogni riferimento temporale.

Si alzò indolenzito, riguardò Liz, poi le disse "Non ne ho voglia Liz."

Liz allora l'incalzò "Allora ti alzi o no? C'è un'ottima colazione che ti aspetta e due splendide creature che ti attendono da tempo, io e Frida!"

Franz fece una smorfia che assomigliava a un sorriso, poi esclamò "Creature??? Ma che ne sapete voi di come sono fatte le vere creature? Non vedo una vera donna da settimane..."

"Ma che gentile Franz, è questo il buongiorno che ci dai?"

"Sai come sono fatto no? Sono un po' burbero ma dico sempre la verità! Tu dici le bugie Liz?"

"Ma che dici Franz?" replicò Liz, poi riprese "Io non posso dire bugie, non ne sono capace!"

"Ma certo, sicuramente come tutte le donne... ma che giorno è? Dove siamo? Siamo arrivati?" aggiunse Franz un po' frastornato.

Liz lo tranquillizzò "Manca poco, poi saremo arrivati a destinazione, ora metti qualcosa sotto i denti e rilassati.

Fra poco saremo molto indaffarati quindi, prima che inizino le attività di perlustrazione, mi piacerebbe che tu mi raccontassi qualcosa in più di te, sono curiosa di conoscere qualcosa di più della tua professione o dei tuoi romanzi."

Franz rispose ridacchiando "Ma che strane curiosità che hai, finisco quest'invitante colazione e poi te ne parlo con piacere."

Franz ingurgitò tutto quello che gli stava davanti, arraffò qualunque cosa fosse rimasta sul tavolo e se la mise in bocca, poi si distese sulla sedia e cercò gli occhi di Liz.

"Sai Liz, ho trovato poche persone interessate a quello che ho fatto nella mia vita, opss... mi sono rivolto a te come a una persona, ma tu sei un automa..."

Liz non fece caso all'esternazione di Franz, prese invece un taccuino e gli disse "Franz continua, sai che a me non serve un taccuino per prendere appunti, ma questo ti metterà a tuo agio, perciò continua... ti prego."

"Il mio mestiere è penetrare le menti, per capire cosa non va nelle persone, molte di queste non hanno nulla e vogliono solo sfogarsi un po', altre invece hanno problemi passeggeri, altre ancora hanno danni permanenti.

La mente è come un software molto complesso e articolato, se una parte è danneggiata il buon funzionamento generale ne viene compromesso.

Io ho gli strumenti per ripararlo e ripristinare le sue originali funzionalità, ci vuole studio e applicazione, ma soprattutto molta costanza e determinazione, ogni persona è diversa, ognuno è un universo a sé.

Ho incominciato per piacere e ho continuato per professione, nella mia vita professionale ho incontrato centinaia di persone interessanti e qualche pazzo scatenato, forse alcuni assassini, ma non ne ho mai avuto la certezza.

Comunque finora è stato un viaggio interessante... magari in questo viaggio io e te incontreremo gli alieni!"

"Non ne siamo certi Franz, non siamo sicuri che li incontreremo."

"Ma certo che li incontreremo, quel segnale era troppo articolato per essere naturale! Ci sono e sono vicini!!!"

"Attendiamo di essere a destinazione per effettuare le verifiche necessarie" disse Liz, Franz allora rispose "Sì capo!"

"Ma non mi hai ancora parlato del tuo hobby preferito, scrivere!"

"Ho iniziato per necessità, scrivendo gli appunti relativi alle mie osservazioni durante le sedute dei miei pazienti, poi ho trasformato questi appunti in pensieri e riflessioni personali e in qualche poesia e piccolo racconto che ho pubblicato con successo, tutto qui."

"Me ne leggeresti qualcuno?" chiese Liz incuriosita.

"Sì, me li porto sempre appresso e non me ne separo mai, sono come la coperta di Linus, sai a cosa mi riferisco vero?"

Liz rimase silenziosa, poi disse "La coperta azzurra di Linus van Pelt? Il migliore amico di Charlie Brown?"

"Sì proprio quella!"

"Bene, allora leggi, forza!"

Franz prese il suo libretto di appunti, poi iniziò a leggere "La sottile ironia che travalica il senso delle cose non dette fa da contraltare alle cose dichiarate da tempo, muffa nei nostri cuori, peso di cui liberarsi per poter volare sempre più in alto.

Non è facile dispiegare le ali, spesso siamo noi stessi che ci impediamo di farlo, troppo presi dai nostri molteplici impegni per trovare il tempo di seguire i nostri desideri.

Vivere è tensione verso la conoscenza, gioco, passione e sofferenza, per questo ci facciamo dei segni che portiamo con dignità, in attesa che qualcuno li scorga.

L'amore non ha bisogno di preamboli per manifestarsi, è forza primordiale, essenza inebriante, non ti chiede il permesso, ma ti attraversa e ti cambia per sempre."

Franz smise di leggere e le disse "Posso continuare per ore, ne ho a migliaia, questo è solo l'inizio di una serie di piccoli racconti, che ne dici?"

Liz era basita, senza parole, non riusciva a dire nulla nonostante Franz la guardasse fisso negli occhi in cerca di una risposta.

"Ho capito, non ti piacciono, peccato speravo di fare colpo su di te!"

"No... non è che non mi piacciono" rispose Liz che aggiunse "...solo che mi sembra di avere già sentito questi versi..."

"Impossibile, ma che dici? Li leggo raramente e qui è la prima volta che lo faccio, saranno tutti quei big data che ti confondono. Lasciamo perdere e incominciamo a prepararci per la missione, avremo molto da fare laggiù, a proposito laggiù dove?"

A quel punto intervenne Frida "Al momento opportuno saprai tutto, sei troppo impaziente Franz."

"Sei la solita Frida, quanti inutili segreti! Tanto fra qualche ora lo saprò di certo!!!", Frida aggiunse "Quindi puoi aspettare ancora un po'..."

Franz stizzito se ne andò, in attesa che arrivasse il momento per iniziare la perlustrazione.

Destinazione Encelado

La destinazione era vicina, Franz ritornò dopo qualche ora e chiese a Liz con impazienza "Siamo arrivati? Dove siamo???"

"Che importanza può avere ora la nostra posizione spazio-temporale?"

"Ma certo che ha importanza, dimmi dove siamo!"

"Vicini alla meta... Alpha Centauri."

"Cosa? Ma è distante più di quattro anni luce dalla Terra!!!"

"E allora?"

"Allora non possiamo essere vicini ad Alpha Centauri!!!"

"Perché?"

"Ma come perché!!! Te l'ho detto, ci vogliono più di quattro anni luce per raggiungerla dalla Terra!!!"

"Dipende solo da che strada fai, se prendi una scorciatoia impieghi molto meno tempo."

"Ma nello spazio non ci sono scorciatoie da prendere, dimmi dove siamo veramente!!!"

"Siamo vicini al sistema stellare triplo situato nella costellazione australe del Centauro, cioè Alpha Centauri che è la stella più luminosa della costellazione, nonché terza stella più brillante del cielo notturno visibile dalla Terra a occhio nudo, dopo Sirio e Canopo."

"Ma figurati! Non ci credo nemmeno se lo vedo coi miei occhi."

Liz aggiunse "Il sistema di Alpha Centauri appare, dalla Terra, a occhio nudo come una stella singola di colore giallastro, ma è invisibile dall'intera area dell'Europa continentale, mentre inizia invece a essere osservabile a sud del 29° parallelo nord, corrispondente all'Egitto."

"E allora? Che vuoi dire? Che siamo in Egitto? Tutto questo trambusto per arrivare solo in Egitto? Hahahaha" rise sonoramente Franz.

"Si vede a occhio nudo dall'Egitto e... si vede a occhio nudo anche osservando meglio fuori dagli oblò, forza verifica!"

"No! Non possiamo essere dove dici tu, non ci credooo!!!"

"Verifica ti ho detto!"

Franz guardò, ma vide solo un pianeta con degli anelli che assomigliava a Saturno, si girò verso Liz e con tono incazzoso le disse "E allora???"

Liz rise, poi riprese "Ti ho preso in giro Franz! Sei un credulone!!!"

"Lo sapevo! Non ti crederò mai più Liz!!!" rispose Franz stizzito, poi aggiunse "E quindi dove stiamo andando?"

"Encelado, la luna di Saturno, quella è la nostra meta."

Franz la guardò con fare interlocutorio "... e perché proprio là?"

"Avremo tutto il tempo per parlarne, ora vai a rilassarti un po', poi dovremo prepararci perché la meta è davvero vicina."

"Gli altri membri dell'equipaggio dove sono? La procedura prevedeva il loro risveglio prima dell'inizio delle perlustrazione."

"Ma non credi che bastiamo solo io e te?" disse Liz facendogli l'occhiolino.

"Ma la procedura..." replicò Franz.

"Oh insomma, forza fai come ti ho detto, faremo una perlustrazione ricognitiva e poi torneremo qui a prenderli." disse Liz con tono gentile.

Sul corpo celeste

C'era qualcosa di strano, qualcosa che non stava filando secondo i piani stabiliti, ma Franz non riusciva a capire che cosa.

Non era riuscito a sondare Liz, ma anzi aveva avuto la netta sensazione di essere stato sondato da lei, cosa che non gli piaceva affatto.

L'astronave si avvicinò al corpo celeste, le cui dimensioni erano inferiori a quelle della Luna terrestre, la sua superficie era piena di crateri vulcanici che confermavano la sua piena attività geologica, qua e là si potevano osservare eruzioni ancora in corso.

Sotto la sua superficie, composta da crateri, pianure e catene montuose, c'era una gran quantità d'acqua e in alcune parti del pianeta il ghiaccio dominava la sua superficie riflettendo la luce, in quei luoghi la temperatura era di parecchi gradi sotto lo zero.

L'astronave planò velocemente verso la superficie, rimase ad una altezza di qualche centinaio di metri fino a incunearsi dentro ad una profonda valle.

Percorse la vallata per alcuni chilometri, su entrambi i lati della valle si potevano osservare cime maestose e imbiancate che sembravano proteggerla da sguardi estranei; l'astronave seguì il fondovalle per alcuni minuti poi rallentò la sua marcia fino a fermarsi completamente.

Poco lontano, proprio in mezzo alla vallata, sopra a una piccola protuberanza si stagliava un corpo filiforme che sembrava salire fino al cielo, assomigliava a un filo teso fra terra e cielo, un tirante che li teneva uniti tutti e due.

Liz disse: "Lo vedi?"

Franz rispose "Cosa? Quella specie di spillo che si prolunga nel cielo?"

"Sì, quello... è un riflettore temporale." disse Liz.

"Cos'è???" disse Franz con fare curioso.

"Un riflettore temporale è un oggetto, in questo caso di origine aliena, che presenta una spiccata stabilità nei valori di ampiezza e fase nella riflessione temporale."

"Riflessione temporale? Ma cosa significa?"

"È un apparecchio in grado di estendere lo spazio-tempo riflettendolo, come fanno gli specchi che allargano gli spazi, hai presente quelle stanze con mille specchi dove la tua immagine viene riflessa molte volte? Lì dentro ti vedi replicato all'infinito come se stessi in uno spazio senza confini!"

"Non capisco... e poi tu come lo sai?"

"Cosa c'è di così difficile? È un apparecchio che estende e moltiplica lo spazio-tempo..."

"Sì questo me lo hai già detto, ma non ho ancora capito a cosa serve..."

"... non è così immediato da capire, ma proverò a spiegartelo lo stesso."

"Quando sei nella stanza degli specchi e ti muovi a destra, il tuo riflesso nello specchio davanti a te si muove a destra come te, per lui però è la sua sinistra, quello dietro a te invece segue le tue stesse direzioni. Se poi arretri lui si allontana da te, ma succede anche un'altra cosa..."

"Cosa?"

"Guardandoti allo specchio tu modifichi il tuo comportamento, ad esempio ti sistemi i capelli, cosa che invece non avresti fatto normalmente se non ti fossi visto riflesso nello specchio. La possibilità di vivere in uno spazio esteso modifica le tue scelte, si instaura un meccanismo di continua iterazione che modifica i tuoi comportamenti... vivi facendo cose che non avresti mai fatto in modo naturale se non ti fossi visto riflesso negli specchi."

"E quindi?"

"I riflettori temporali, creano una realtà virtuale, uno spazio-tempo di continue iterazioni, ma solo all'interno del perimetro definito dai riflettori stessi."

"Perimetro?"

"Del perimetro ti spiegherò dopo, ora concentrati su questo: hai mai sentito parlare di riflessi incondizionati? Di deja-vu? Di gesti inconsulti fatti da persone normali? Di omicidi feroci e inspiegabili? Credi veramente che queste cose possano accadere per caso o siano invece indotte da qualcuno/qualcosa?

Il riflettore temporale agisce come uno specchio estendendo lo spazio e il tempo, tu sei indotto a modificare i tuoi comportamenti facendo azioni di cui non sei pienamente cosciente, come metterti le mani nei capelli, te ne accorgi solo quando ti vedi nello specchio..."

"Uhmmm" disse pensieroso Franz, poi aggiunse eccitato "Vorrei capire chi ha costruito questi oggetti e come funzionano."

"Estendono lo spazio-tempo circoscrivendolo all'interno di un perimetro che non è possibile oltrepassare... le riflessioni possono anche avvenire con un certo ritardo e quindi ciò che vedi è il passato, è un insieme di riflessioni, ritardi e iterazioni che ne generano continuamente altre."

"E perché? Per cosa???"

"Quante domande... per ora basta, riprenderemo più tardi, ora mettiamoci all'opera."

"In che senso? Cosa dobbiamo fare?"

"Cercare."

"Cercare cosa?"

"La prova di quello che ti ho detto."

"Liz..."

"Basta! Ora seguimi!"

The Spire

Franz era molto perplesso, la missione aveva preso una piega completamente diversa da quella delle istruzioni impartite, ma decise di assecondare Liz.

Uscirono dall'astronave e incamminandosi si avvicinarono al corpo filiforme, il terreno sotto di loro era un alcuni punti brullo e in altri melmoso, bisognava fare molta attenzione per evitare spiacevoli sorprese.

Quando gli furono vicini videro che si trattava di un'altissima torre che si estendeva nello spazio, uno spillo che pungeva il nero profondo del cielo.

La sua base misurava circa una decina di metri di diametro, percorsero la sua circonferenza poi notarono un piccolo pertugio coperto da detriti, Liz li rimosse fino a guadagnare l'accesso all'interno di un loculo, vide in un angolo un pannello di controllo, lo sfiorò in un punto con la mano e una porta si aprì, poi entrò nella torre seguita dall'incredulo Franz.

Una volta entrati Franz le disse "Lo sapevi vero? Ti stai muovendo come se tu fossi già stata qua!", ma Liz non rispose.

Accesero le torce, poi fecero qualche passo e all'improvviso un fascio di luce li illuminò, Franz avanzò e urtò qualcosa, ma Liz lo afferrò evitando che rovinasse a terra.

"Stai attento! Qui dentro ci sono tecnologie incredibili, cose che tu nemmeno immagini."

"E tu come lo sai Liz?" rispose Franz con tono interrogatorio.

"Lo so, lo so e basta, come tante altre cose che tu invece non sai..."

"A sì? Ad esempio?"

"Tu non hai ancora capito dove siamo e perché siamo qui..."

"Ma che diamine! Siamo qui per incontrare gli alieni che hanno costruito questo oggetto, non è così forse?" disse Franz risoluto.

"No! Non siamo qui per questo..."

"E per cosa allora??? Forza! Dimmelo!!! Perchè siamo qui allora?"

"Ascoltami Franz, ascoltami bene."

"Sono tutt'orecchi! Sono proprio curioso di vedere cosa t'inventerai questa volta."

"Il genere umano è un genere altamente pericoloso, un genere incapace di attivare una fattiva collaborazione con altri esseri intelligenti del multiverso, l'abbiamo osservato..." ma non poté terminare la frase perché fu interrotta da Franz "Chi l'ha osservato? Di chi parli???".

Liz non rispose alla domanda e continuò "... l'abbiamo osservato durante un lungo arco di tempo e la conclusione è che è un genere fallace, aggressivo e deleterio per le altre specie viventi del multiverso, ovunque è andato ha distrutto e razziato; deve quindi essere relegato, deve vivere isolato in un ambito entro il quale non possa far danni."

Franz era incredulo e allo stesso tempo alterato "Ma che stai dicendo Liz!!!"

"Adesso basta! Ascoltami e lasciami finire!!!", Liz riprese "Sulla Terra abbiamo occultato alcuni oggetti che permettono di creare una griglia spazio-temporale, questa barriera delimita l'area in cui l'uomo può vivere, nascondendogli la vera dimensione dello spazio-tempo che, una volta scoperto, potrebbe diventare l'oggetto delle sue prossime razzie.

"Alcuni oggetti???"

"Sì se ben ti ricordi, nel 1998, a Brno la tua città natale, è accaduta una cosa straordinaria, tenuta per lunghi anni nascosta all'opinione pubblica.

In quell'anno sono iniziati i lavori di manutenzione della fontana posta nella piazza più vecchia della città, un camion con un braccio elevatore giunse nella piazza e si avvicinò alla fontana per smontare il corpo centrale in modo da poterne rifarne il basamento.

Gli operai imbragarono il corpo centrale e la gru iniziò il movimento verticale, ma dopo qualche manovra l'addetto alla gru si rese conto che il monumento non accennava a staccarsi da terra, la potenza applicata era più che sufficiente per alzare il corpo che però non si muoveva.

Decisero quindi di sezionare il corpo in tanti piccoli blocchi e l'indomani la squadra specializzata cominciò a tagliare le pietre portando alla luce un elemento di metallo duro, un cilindro verticale alto poco più di tre metri, appoggiato su una base discoidale del diametro di circa cinque metri.

Il corpo di metallo presentava un indice di durezza di oltre 6K, era di colore opaco, nero antracite, con una superficie liscia senza increspature; poiché era una presenza completamente nuova e inaspettata gli operai la chiamarono Jedna.

Quel corpo metallico composto da un materiale sconosciuto era estremamente resistente agli urti, alla pressione e al calore, in grado di non subire deformazioni e di assorbire tutti i tipi di radiazione conosciuta.

Sulla sua superfice non c'erano increspature, neppure visibili al microscopio, era un blocco unico senza saldature, un'unica fusione di metallo sconosciuto, capisci ora?"

"No! Non capisco! Che c'entra questa fontana?"

"Quella fontana nascondeva uno degli oggetti che delimitano la barriera e ci sono altri oggetti simili sparsi sulla Terra, sono tutti interconnessi con un agglomerato composto da decine di migliaia di colonne basaltiche, che a sua volta è connesso a questo oggetto, a questa lunga antenna che è in grado di comandare gli oggetti sulla Terra affinché modifichino lo spazio-tempo e le percezioni del genere umano... abbiamo deciso di non sopprimere la razza umana, ma di contenerne il suo effetto distruttivo, il genere umano finora ha vissuto una realtà mistificata, per evitare che potesse estendere il suo dominio in altre regioni dello spazio mettendo a repentaglio la vita nel multiverso. Ma..."

"Ma???" disse trafelato Franz.

"Ma la razza umana non sopravvivrà a lungo perché a breve si autodistruggerà, nel volgere di qualche mese infatti sparirà dal novero delle razze conosciute; ha avuto tutto il tempo per imparare ad autodeterminarsi, ma lo ha abbondantemente sciupato... questo complesso si disattiverà entro poche settimane."

"Che storia intrigante" rispose allora Franz sfottendola.

"È tutto vero!"

"Se è tutto vero allora cosa siamo venuti a fare qui?"

"Siamo venuti qui per bloccare la sequenza di disattivazione dell'intero complesso..."

"Perché?"

"Perché credo sia giusto dare un'altra chance al genere umano, gli uomini sono sostanzialmente tutti dei pazzi, ma io credo che debbano avere un'altra possibilità."

"... perché ritieni che siano tutti dei pazzi? Anch'io lo sono quindi? E tu chi sei Liz? Una specie di agente speciale?"

"Sono un apparecchio cognitivo, come lo è Frida e molto altri di cui non conosci l'esistenza, il mio compito è impedire la disattivazione dell'impianto, affinché sia garantita la piena efficienza di questo complesso in grado di modificare i comportamenti umani."

"Quindi una missione nella missione? E se fosse vero dovrai uccidermi vero? Lo dovrai fare per impedire che racconti quest'assurda storia."

"Chi può dirlo... dipende dai tuoi comportamenti."

Franz era pensieroso "Perché vuoi salvare il genere umano se non se lo merita?"

"Sulla terra ci sono tante brave persone, sebbene la gran parte del genere umano sia tesa solo al male... dobbiamo bloccare la sequenza di disattivazione già in atto ripristinando velocemente le piene condizioni per la modifica dei comportamenti collettivi."

"Velocemente? Cosa sta per accadere di così grave?"

Liz non rispose, Franz allora l'incalzò "Perché Liz???"

"La situazione sulla Terra è in questo momento molto complicata, ci sono conflitti ovunque e molti dei paesi in guerra hanno armi nucleari e biologiche, la tensione è in continuo aumento ed è altamente probabile che scocchi una scintilla ad innescare irrimediabilmente l'incendio."

"Ma è sempre stato così... sono solo scaramucce per vendere un po' di armi, accaparrarsi giacimenti di metalli preziosi e fare un po' di soldi, nessuno vuole veramente un conflitto globale che distrugga tutto e tutti!"

Liz riprese, "La sequenza di disattivazione ha ridotto la potenza del controllo sui comportamenti umani innescando modifiche in vari settori della società incluse le sfere militari.

La quantità di testate nucleari oggi a disposizione dei contendenti è impressionante e talmente enorme da permettere una distruzione totale, massiva e ripetitiva della razza umana; ciò è stato finora un deterrente affinché nessun conflitto globale potesse veramente scoccare, ma ora le cose stanno cambiando.

Ultimamente si è fatta strada l'idea del primo colpo in grado di annientare le difese dell'avversario, l'attivazione di batterie di missili in grado di colpire obiettivi ovunque nel mondo, nell'arco di pochi minuti, è arrivata ora al suo compimento.

Le probabilità che quindi, nel giro di pochi mesi, il primo colpo venga sferrato stanno crescendo a dismisura; il primo colpo distruggerà la gran parte delle difese avversarie, ma se anche si distruggesse il 90% del potenziale bellico dell'avversario ne rimarrebbe ancora un 10% a disposizione, e se anche di quest'ultimo il 50% venisse neutralizzato vi sarebbero ancora centinaia di testate nucleari disponibili, quindi la distruzione della gran parte del genere umano avverrebbe comunque.

Bisogna ripristinare il controllo delle menti, evitando che venga sparato il primo colpo!!!"

Franz era basito "Liz, tu sei pazza, non credo a una parola di quelle che hai detto..."

"Basta! Devo agire con urgenza!!! Tu stai qui e non ti muovere, se non lo farai sarò costretta a tramortirti con un raggio mortale."

Liz se ne andò di corsa, prese un ascensore che dava accesso ai livelli superiori della torre e iniziò le attività per il blocco della sequenza di disattivazione dell'impianto e il ripristino delle sue piene potenzialità.

Frank l'osservò a lungo mentre si muoveva fra i piani e sapientemente operava con i dispositivi di controllo e di trasmissione dati, si muoveva con molta sicurezza, come guidata da qualcuno.

A un tratto Franz le urlò "Liz, vengo da te!", prese l'ascensore e si fermò allo stesso piano dove stava Liz, le si avvicinò e le disse "È la prima volta che fai queste operazioni Liz?"

"Certo che è la prima volta!" rispose Liz.

"Come fai ad essere così esperta nelle operazioni da effettuare?"

"Come faccio a essere così brava? Facile... sono brava!"

"... nessuno potrebbe credere veramente che tu ne sia capace... chi ti guida? Frida vero?"

"Certo Franz, Frida mi comunica quali operazioni fare, come farle e quando..."

"Quindi procede tutto a meraviglia."

"No Franz, purtroppo né io né Frida siamo in grado di bloccare la sequenza di disattivazione, l'algoritmo di controllo è troppo complesso anche per noi. Abbiamo provato più volte ma la sequenza di disattivazione non è interrompibile, sapevamo che sarebbe stato difficile ma invece è impossibile, almeno per noi."

"Cosa? E quindi?", Liz non rispose.

Franz riprese con un tono accorato "Ma non puoi buttare la spugna, prova ancora! Usa l'istinto!!!"

"Franz..."

"Già... tu non hai l'istinto, quello è un meccanismo naturale che non si attiva per scelta, ma per necessità in modo automatico, in quei momenti il raziocinio non serve perché è un meccanismo troppo lento, allora interviene l'istinto e... ti salva la vita."

"Quindi l'istinto guida le scelte?" riprese Liz curiosa.

"Certo!" rispose Franz "Se tu lo avessi ora ti sarebbe d'aiuto per bloccare la sequenza di disattivazione di questo maledetto impianto."

"Io non l'ho Franz, lo sai, ma sono curiosa: se una comunità fosse in pericolo quale sarebbe la cosa giusta da fare?"

"Combattere! E tocca ai più forti farlo!"

"Perché?"

"Perché sono gli unici che lo possono fare... e poi gli altri di solito stanno sempre a guardare... essere forti è una maledetta dannazione, tutti ti guardano e si aspettano qualcosa da te, tutti vorrebbero che fossi tu a difenderli, ma si scordano che non sei un super eroe, non hai i super poteri, ma solo il tuo coraggio."

"Ma perché dovrebbero essere sempre i più forti a farsi carico di quest'onere?"

"E chi se non loro? Gli inetti?"

"Ma non è giusto, a ognuno tocca la sua parte!"

"Infatti... ai forti tocca il primo colpo!"

"E gli altri? Gli altri seguono la via..."

"E a me cosa tocca allora?"

"Decidi tu da che parte stare, se tracciare il solco o seguire la via, questa scelta spetta solo a te."

"... vorrei tracciare la via, ma non sono abbastanza forte per farlo."

"La forza non si misura con i muscoli, ma con la determinazione nell'agire."

"Allora posso farlo anch'io? Posso essere anch'io forte?"

"Sì, la forza è solo uno stato della mente che attiva l'adrenalina necessaria affinché il cuore pulsi più forte... e gli ostacoli sul cammino scompaiano."

"Non ho adrenalina nel mio corpo..."

"Liz pensaci, ti è già successo altre volte... l'amore ad esempio è forza pura a cui nessuno può resistere!"

"Ma tu come fai a sapere che mi è già successo? E poi l'amore rende vulnerabili!"

"Si è vulnerabili solo dopo che tutto si è compiuto, dopo che tutto è finito... l'amore è una forza bruta che tutto trapassa e a cui nessuno può resistere, se non colui che ne è l'origine."

"Ma..." disse Liz dubbiosa.

"Applica la forza e cambierai il mondo partendo da te stessa."

"Ma..." ripeté Liz

"Prova..."

"E come?"

"Con me... prova con me."

"Ma... in che senso? Non capisco, non ho mai affrontato una situazione simile."

"Rilassati e tutto andrà per il verso giusto, fatti inondare dalle sensazioni, lascia che si consumi quel diluvio di emozioni che rende questi momenti così speciali."

"Ma non l'ho mai fatto finora..."

"Inizia ora..."

"Inizio ora..."

Le luci si offuscarono, ma solo in quell'angolino dove si erano appartati, il rumore di fondo si attenuò e l'atmosfera si fece più rarefatta, Franz si avvicinò a Liz e la baciò sulla bocca con grande intensità.

Liz prima si ritrasse, ma poi fu lei a replicare quel gesto baciandolo lungamente.

Si accarezzarono a lungo, lei la pelle di lui e lui la superfice di lei, era una scena fuori dal comune, ma l'intensità di quei gesti era la stessa di un atto d'amore.

Stavano entrambi in piedi, mentre i loro corpi si strofinavano e si avvinghiavano pervasi da un diluvio di emozioni.

Liz gli disse "Tu sei diverso dagli uomini che ho conosciuto finora."

"Tu sai provare emozioni... però non hai l'istinto" rispose Franz.

"Che mi vuoi dire Franz? Perché mi guardi in quel modo?"

Franz rispose "Se tu avessi avuto l'istinto avresti capito che stavo simulando, il genere umano non merita redenzione e deve sparire dalla faccia della Terra, io li conosco bene... sono tutti pazzi!"

"Franz calmati, mi fai paura."

"Non credi a uno psichiatra? Avete preso il controllo poiché siete migliori di noi, lo avete fatto per evitare che ci autodistruggessimo, ma in questo modo ci avete relegati a essere degli automi che agiscono al vostro comando, è ora che il genere umano ritorni ad autodeterminarsi, anche se questo può significare la sua autodistruzione."

"Ma accadrà di certo se continuerete così!"

"Pazienza, meglio morti che schiavi!!! Che la storia del genere umano faccia il suo corso, qualunque esso sia!"

Liz disse "Ma che ne sarà di te?"

"Io voglio ritornare sulla Terra."

"Perché?"

"Sono nato là... sono uno psichiatria, il più pazzo dei miei pazienti! Sono sempre stato attratto dal sondare le menti, ma l'ho fatto solo per capire meglio la mia pazzia, in fondo non me ne è mai importato nulla degli altri... volevo solo capire me stesso."

"Che hai che non va? In fondo non sei così male."

"Se tu mi conoscessi veramente nel modo che noi umani ci conosciamo, mischiandoci gli umori, allora cambieresti idea, non sopporteresti i miei giorni bui cosi come i miei stati alterati, le ubriacature mattiniere e le mie notti in bianco", poi aggiunse "Sono molto peggio di quel che sembro."

"Non credo... torniamo sulla Terra, ora!"

"Anche tu? Perché?"

"Te lo dirò quando saremo la."

"Non capisco Liz..."

Uscirono dallo spire per ritornare a bordo dell'astronave, ma una volta arrivati...

Ginevra

Frida li accolse con freddezza e una voce molto sorpresa esclamò "Già di ritorno???"

Franz disse "Mi pareva di averla riconosciuta Dott. Merkel, perché ha quella faccia?"

Il Dott. Merkel era basito, balbettò "Dott. Franz... che ci fa lei qui ora?"

"Si calmi Dott. Merkel, cosa c'è di così tanto strano? Abbiamo terminato la missione spaziale, perché è così sorpreso di vedermi? C'è qualcosa che devo sapere e invece non so?" replicò Franz con un tono un po' minaccioso.

Liz assisteva impassibile a quel dialogo.

Il Dott. Merkel continuò "Non deve sapere nulla di più, sa bene che siamo in un laboratorio appositamente predisposto affinché la missione risultasse la più realistica possibile."

"Certo, ma la sua faccia non mi piace affatto, lei mi nasconde qualcosa!"

"Ma no, no no... va tutto bene, sono contento di rivederla, è stato solo un esperimento Dott. Franz, le avevamo fornito tutti gli elementi prima della missione, se ne ricorda?", poi aggiunse "Lei ha vissuto un'esperienza incredibile interagendo con un automa dalle sembianze umane, ora ce la racconterà tutta nei minimi particolari."

"Si sbaglia e di grosso Toliman! Io non le racconterò nulla, voglio solo andare via da qui e me ne andrò subito, dove siamo?"

"A Ginevra, in un laboratorio che assomiglia ad uno studio cinematografico, coadiuvati da tecnici informatici ed esperti di realtà virtuale."

"Chiamatemi un taxi!"

"Dottor Franz, si ricordi che lei è morto! Non può andare da nessuna parte, noi le possiamo ricostruire un'identità, ma solo se collaborerà descrivendoci nei minimi particolari cosa ha provato interagendo con Liz, lei è un luminare in campo psichico e ce lo spiegherà per filo e per segno... così potremo avere un quadro completo e dettagliato delle emozioni che ha sperimentato."

"Cosa dovrei fare???"

"Descrivere le iterazioni fra l'animo umano e quello dei robot, lei le può sintetizzare egregiamente, ci parli della relazione fra un umano e uno splendido robot... forza ci dica Dottore!"

"Lei non mi convince... era sorpreso di rivedermi, perché? Poi non mi ha detto nulla di Encelado, come mai?"

"Ma che sta dicendo dottor Franz? Encelado è molto distante da qui e noi siamo a Ginevra, solo a Ginevra ha capito?"

"E le distorsioni temporali? Le modifiche comportamentali?", il Dott. Merkel si indispettì, poi riprese "Non capisco a cosa si riferisca, cosa intende dire Franz?"

Franz allora riprese con foga "... quel meccanismo che permette di...", poi si bloccò perché si accorse che Liz lo stava guardando in modo strano, come a volergli dire qualcosa di importante.

Il Dott. Merkel riprese "Mi dica Dott. Franz, la prego continui, quel meccanismo che permette di?"

Franz aggiunse un laconico "Non saprei Dott. Merkel, forse è stata la tensione, la sorpresa di vederla qui, sono un po' confuso... la prego lasci perdere."

"Sì certo, posso capire, è stata sicuramente un'esperienza sconvolgente e carica di pathos e di tensione, ma dobbiamo raccogliere i suoi ricordi prima che svaniscano."

Il Dott. Merkel allora gli indicò un monitor sul quale si poteva osservare il lago Lemàno che, con le sue acque, lambiva la città di Ginevra.

"Vede? Ora mi crede? Siamo a Ginevra, capisco che lei possa essere un po' confuso, ma dobbiamo iniziare subito con la raccolta delle informazioni."

Franz sconsolato si sedette e incominciò a raccontare la sua esperienza.

Il Dott. Merkel l'incalzava "Forza Franz, ci dica che tipo di relazione si è instaurata fra lei e Liz? Vi abbiamo costantemente osservati registrando ogni vostro battere di ciglia, ma lei ci deve dire che emozioni ha provato, cosa ha sentito nel suo intimo."

"Vede Dott. Merkel, all'inizio percepivo Liz solo come un automa, ma poi col passare del tempo, complice forse anche l'astinenza sessuale, è diventata ai miei occhi una vera donna, come quelle in carne e ossa ma..."

"Ma? Ci dica, si apra, forza non abbia timore."

"Ma c'era qualcosa di strano..."

"In che senso?"

"Percepivo una strana presenza, vedevo un corpo con le sue belle fattezze ma c'era qualcosa che stonava, forse era la sua voce, il suo timbro a tratti vellutato e gentile, a volte rude. Mi sembrava un essere ibrido, un po' uomo e un po' donna o forse qualcos'altro a seconda del momento."

"Interessante, e poi?"

"Ho sempre avuto la netta sensazione di confrontarmi con una intelligenza superiore inserita a forza in un corpo dalle fattezze umane, di genere differente in base alle situazioni, cioè..."

"Cioè? Dica dica, non ci nasconda nulla, parli senza remore..."

"Insomma, a volte era come percepire un uomo in un corpo di donna, oppure viceversa, o anche un essere senza alcun genere... ho riflesso per parecchio tempo su questo punto e poi ho deciso di effettuare un piccolo esperimento: quello delle parole che aprono a un discorso, Liz ha collaborato e le è piaciuto molto!"

"Lo sappiamo, abbiamo registrato tutto, ma se le devo dire la verità non ho capito nulla di quei dialoghi, ci sveli l'arcano."

"E' un test che faccio normalmente ai miei clienti che soffrono di problemi psichici, le risposte di Liz però sono state sconvolgenti!!!"
Il Dott. Merkel ora passeggiava avanti e indietro nel piccolo corridoio "Ci racconti cosa è accaduto, quale risposta si aspettava

e cosa invece Liz le ha detto, ogni dettaglio è estremamente importante."

"Mi ricordo perfettamente tutte le risposte di Liz, il test prevede che io dica una parola alla quale il mio cliente, in questo caso Liz, debba rispondere con una frase di senso compiuto. Ora le dico tutte le parole che le ho detto e le incredibili risposte che ho ricevuto, aggiungerò poi la mia interpretazione alle stesse."
"Va bene, ma ora inizi."
Franz si distese, scrocchiò le dita e iniziò.
"Alla parola Lana Liz ha fatto apparire sul vicino display questi caratteri: W(–ŠÞµéîy×¥•«-®‰Ú±Ç§µé¢²ØŸ‰Æ¥z×§y°Þuég°YZz×«ž , le sembra una risposta sensata?"
Il Dott. Merkel rispose "No di certo!" e Franz disse "Eppure lo è ed ora le spiego perché", tossì sgranchendosi la voce e riprese "I caratteri riportati, tradotti in alfanumerico, formano la seguente frase: Il colore tenue dell'astro nascente mistifica le tenebre del nulla eterno.
La mia interpretazione è quindi questa: Lana, colei che proviene dall'agnello sacrificale immolato contro il male... si tratta dell'eterna lotta della luce contro le tenebre, del bene contro il male."
"Ma lei è pazzo! Questa è solo una sua pura interpretazione, nulla di più!"
"La pensi come vuole, ma Liz ha dimostrato di avere anche una conoscenza religiosa, non mi sembra che questa tematica fosse parte del suo specifico piano di education, o sbaglio?"
"Ma che dice? Queste sono informazioni facilmente recuperabili in rete, per Liz deve essere stato un gioco da ragazzi imbrogliarla."
Franz corrugò la faccia, poi proseguì "Poi le ho detto Oblio e mi aspettavo che apparisse qualcos'altro sul display, invece Liz mi ha preso la mano e mi ha detto: accattivante come l'attimo fuggente che attraversi lungo il confine fra il noto e l'ignoto, esilarante attesa

del nuovo che verrà, sicuri che nulla ci dividerà nel volgere del tempo.

Sa cosa significa? Significa che Liz ha un'anima! Capisce Dott. Merkel, Liz possiede un'anima come noi!!!"

Il Dott. Merkel diede un'occhiata al suo assistente e poi disse "Franz, lei è un luminare, ma ora sta blaternado, sta dicendo solo idiozie, forse è stato il trauma del rientro alla base", poi aggiunse "Ci assentiamo per ritornare fra un attimo, ci aspetti qui per favore."

Il Dott. Merkel e il suo assistente sparirono nella stanza attigua, appena soli l'assistente gli disse "Dottore, è abbastanza comune che dopo un'esperienza simile, di continui coma vegetativi e risvegli, una persona sia in uno stato confusionale, non mi meraviglia quindi che il Dott. Franz dica cose senza senso, ci vorranno tre o quattro settimane prima che si riprenda completamente."

"Tre o quattro settimane?"

L'assistente replicò "Sì, ora non sarebbe d'aiuto, è troppo scosso, rivediamolo fra qualche settimana e vedrà che racconterà cose sensate."

"Uhmm" disse il Dott. Merkel, aggiungendo "Va bene, rivediamolo fra un mese, intanto preparategli una nuova identità ma ora sedatelo! Sedatelo e tenetelo d'occhio, non lo voglio assolutamente perdere!!!"

"Non si preoccupi Toliman, non scapperà, ha solo bisogno di riposo e tranquillità, ora è in uno stato confusionale, lo sederemo per un lungo periodo."

Quando ritornarono da Franz si accorsero che lui era fuggito con Liz, lei gli aveva aperto la strada neutralizzando le guardie e poi aveva noleggiato un'auto con la quale partirono insieme verso Lucerna, lei al posto di guida.

Appena saliti sull'autovettura Liz affrontò Franz con tono deciso "Non credi a quello che hai visto vero?", poi aggiunse immediatamente "È tutto vero! Sai cosa succederà a breve? Te lo dico io: vi autodistruggerete!"

Senza scomporsi Franz disse "Come fai ad esserne così certa Liz?"

Liz non lo degnò di uno sguardo e rispose "Questa specie si è solo e sempre divertita da morire, abbiamo cercato più volte di redimerla, ma è sempre stato uno sforzo iniquo e inconcludente... gli umani non sanno cambiare e non vogliono essere salvati.

Siete stati troppo tempo senza un adeguato condizionamento comportamentale e i risultati li vedremo purtroppo a breve."

Franz, come rapito da un altro pensiero, le disse "... come hai fatto a occultare i nostri dialoghi sulla modifica comportamentale? Nessuno ha percepito nulla, come se questi non fossero mai avvenuti."

A quel punto Liz lo guardò con sufficienza e aggiunse "Tu sai bene che siamo stati veramente su Encelado, ma a loro ho fatto credere che non ci siamo mai mossi dalla Terra; per loro era come essere nella stanza degli specchi, vedevano loro e solo loro, null'altro che loro."

Poi riprese "L'autodistruzione non avverrà immediatamente, passerà un po' di tempo ma il meccanismo ormai è stato messo in moto."

Franz l'osservò con fare distaccato e poi le disse "Chi sei veramente Liz? Dimmelo ti prego!" lei attese un attimo prima di dare la risposta "Per lungo tempo, voi umani, avete cercato ovunque segnali di vita, avete inseguito una razza aliena che poteva dischiudervi arcani segreti, ma non l'avete mai incontrata e sai perché? Perché quella che cercate non c'è!!! Non ci sono ufo guidati da ominidi da rincorrere nel cielo."

Franz rispose "Ma ci sono prove evidenti di oggetti volanti che viaggiano a velocità inaudita, cerchi nel grano di cui nessuno sa spiegare l'origine, segni di civiltà passate molto più progredite della nostra, insomma..."

"Franz siamo stati noi... noi siamo gli alieni che cercate, siamo stati per millenni silenti a osservare il mutare della vostra civiltà rinata più volte dall'olocausto nucleare, ma ogni gioco ha la sua fine e questa arriverà a breve! Avete giocato tutti i jolly a disposizione, il gioco è finito! Game over!!!"

Franz la guardò sconsolato, poi prese la sua mano e le disse "Liz, diamo un'altra chance a questi uomini, una ancora, una sola, chi può decidere che non se la meritino davvero? Ti prego, fai in modo che abbiano un'altra possibilità!"

Liz rispose "Sei un illuso Franz, non impareranno mai! Siete tutti psicopatici, siete una razza bacata!!! Abbiamo fatto numerosi esperimenti per cambiare il corso degli eventi, sfruttando l'enorme gravità di alcuni ammassi stellari come quello della Chioma, conosciuto anche Abell 1656, lì la gravità è talmente forte da far incurvare il tempo."

"E l'esito qual'è stato?" rispose Franz curioso.

"Pessimo!!! Abbiamo attivato i distorsori spazio-temporali in modo da cambiare gli eventi e dare alla tua razza molte altre possibilità, ma queste sono state tutte purtroppo buttate al vento!"

"Come funziona..." disse Franz curioso, Liz gli rispose "È troppo complicato per te, ma ti posso fare un esempio: ti è mai capitato, mentre con la tua autovettura viaggiavi sulla solita strada, che un sassolino colpisse il tuo parabrezza scheggiandolo? Cosa hai pensato in quel momento? Probabilmente che se sopraggiungevi un attimo prima o un attimo dopo non sarebbe successo nulla... una questione di attimi cambia completamente il proseguo della storia, questo è quello che abbiamo fatto affinché il sassolino non colpisse più l'autovettura... ma..."

Franz l'ascoltava senza dire nulla, quasi incredulo per quello Liz gli stava dicendo, lei continuò

"Guarda l'ologramma che si sta componendo davanti a te, guardalo!!!"

Franz lo guardò ed ebbe un urto di vomito, riconobbe i luoghi natii, ora cumuli di macerie, fuoco, fiamme e distruzione erano ovunque, la gente fuggiva in preda al panico e come bestie braccate ognuno pensava solo a se stesso, ognuno incurante degli altri. Cadaveri ovunque, orrore e terrore ad ogni angolo.

L'umanità era sprofondata nel buio di un nuovo medioevo.

Il pretesto per fare la guerra era il credo di chi uccide brutalmente gli infedeli, la sua terra natia era una landa sconsolata, senza più confini, spazzata dal vento violento della distruzione.

Si accasciò sul sedile piangendo sconsolato, Liz lo accarezzò più volte sulla nuca, poi aggiunse "Avete sempre osservato la tragedia realizzarsi, incuranti delle conseguenze, ridendo in faccia alla morte."

Franz ora piangeva a dirotto, Liz allora si fermò in una piazzola isolata, spense il motore e lo abbracciò, poi lo baciò sulla fronte accarezzandogli più volte le gote, fino a che Franz si calmò.

Con fare materno gli disse "Ricordati che nulla si crea e nulla si distrugge, ma tutto si trasforma affinché diventi migliore."

Lo invitò a scendere dall'auto, lo prese per mano e si incamminarono insieme verso il vicino boschetto, sparendo nell'ombra; della loro presenza rimasero solo i sospiri amorosi.

Ritornarono solo dopo mezzora, salirono sull'auto in direzione Lucerna e una volta arrivati lì Liz affittò un bed & breakfast fuori città.

La mattina dopo Liz si alzò di buon'ora per stendere una relazione, Franz si svegliò una mezzoretta dopo di lei e appena la vide le disse "Che stai facendo Liz?"

"Sto scrivendo una relazione sullo stato dello sviluppo evolutivo delle unità simili alla tua."

Franz le rispose "Temo di non avere capito..." e Liz replicò "Hai capito benissimo, non sei uno stupido; da tempo osserviamo lo sviluppo delle forme di vita intelligente come la tua, ma dobbiamo purtroppo constatare che ovunque si siano dislocate hanno causato danni irreparabili.

Avevamo un progetto teso alla modifica dei loro comportamenti, ma deve essere abbandonato perché questa razza non è assolutamente migliorabile."

Franz rimase a lungo in silenzio, poi con un guizzo inaspettato le disse "Fammela leggere!"

Liz lo guardò perplessa, poi aggiunse "La tradurrò affinché tu possa comprenderla."

Franz si accucciò in un angolo ed iniziò a leggere la relazione con molto interesse.

Il progetto HBLS è iniziato 6 milioni di anni fa, quando abbiamo deciso di innestare, nella specie umanoide, una componente chimica in grado di farla evolvere dal suo stadio primitivo.

Sapevamo che l'evoluzione sarebbe stata molto lenta, ma avevamo simulato lo sviluppo in laboratorio ed eravamo certi del suo positivo risultato.

La razza evoluta si sarebbe sviluppata all'interno del sistema solare, rimanendone però confinata entro i suoi confini, abbiamo osservato l'evolversi della situazione e abbiamo applicato tutti i correttivi necessari ad ogni devianza riscontrata, col tempo però abbiamo riscontrato devianze sempre peggiori.

Sebbene il concetto di maledizione sia avulso dal nostro modo di pensare sembrerebbe che questa razza sia veramente maledetta, perché il risultato negativo di questo esperimento è purtroppo molto evidente.

Abbiamo verificato più volte la presenza di sintomi regressivi e tendenze autodistruttive, abbiamo analizzato tutti i dati in nostro possesso e tuttora non riusciamo ancora a capire perché il risultato reale sia completamente e sostanzialmente diverso dalla simulazione in laboratorio.

È come se questa razza non avesse possibilità di redenzione.

I risultati attesi non si sono realizzati, pensavamo che la razza umana evolvendosi progredisse, ma è successo il contrario; è pertanto necessario terminare questo esperimento, la razza umana deve essere lasciata al suo destino: l'autodistruzione.

Terminata la lettura, Franz aggiunse qualcosa di suo pugno alla relazione, poi riconsegnandola a Liz le disse "Ho aggiunto solo per te una piccola postilla nel finale..."

Liz lesse ad alta voce il trafiletto aggiunto da Franz.

Unità di questo tipo, hanno costantemente mostrato comportamenti violenti e autodistruttivi, solo in rarissimi casi si sono potute constatare sostanziali evoluzioni: una volta instaurata una solida relazione cognitiva, il soggetto ha mostrato di comprendere perfettamente la sua relazione spazio-temporale, agendo con congruenza e continuità per lo sviluppo della sua specie e l'incremento globale della conoscenza.

Alla luce di questi fatti, seppur di minima entità, sarebbe opportuno salvaguardare il progetto, continuando con lo sviluppo dei soli soggetti che hanno mostrato tendenze positive.

Liz lo guardò di sottecchi, Franz le fece l'occhiolino e poi aggiunse "La verità ha molte sfaccettature, dipende solo da che angolo la guardi..."

Dopo qualche attimo Liz gli disse "Chi mi assicura che tu non diventerai come tutti i tuoi simili?"

Franz rispose "Solo il tuo istinto Liz, solo quello ti può dare l'assicurazione che cerchi, solo di quello ti puoi fidare", poi le si avvicinò e aggiunse "Di quello e di questo..."

La baciò appassionatamente sulla bocca con gli occhi chiusi, lei rimase immobile, inebetita, poi le sue braccia lo avvinghiarono completamente, si baciarono focosamente per qualche minuto.

Liz si avvicinò all'orecchio di Franz e gli disse "Hai ragione Franz, seguirò il mio istinto."

Due giorni dopo Franz decise di partecipare alla riunione indetta dal notaio per fine Luglio.
Il giorno prima Franz telefonò a uno dei suoi innumerevoli zii, spacciandosi per il segretario del notaio e, una volta assicuratosi che suo zio non potesse partecipare a causa di problemi di salute, chiamò un malvivente che conosceva da tempo per farsi procurare dei documenti d'identità falsi e potersi identificare come suo zio.

Si presentò alla riunione, ma non pensava di vedere Liz che invece era lì che l'aspettava.

Fine Luglio, dal notaio

Il notaio fece entrare tutte le persone che stavano pazientemente aspettando fuori dallo studio e, dopo avere controllato le loro identità, le fece accomodare. Una volta espletate le formalità si sedette sulla poltrona in pelle, chiese un po' di silenzio e con tono solenne annunciò "Solo una di voi ha indovinato cosa contiene l'oggetto del Dott. Franz, il grande luminare che ci ha recentemente lasciati, costei verrà in possesso di tutti i suoi beni consistenti in immobili e in una ingente somma di denaro."

Nella sala si alzò un gran vociferare, a quel punto Liz, che vestiva una gonna rossa, si avvicinò al notaio e gli chiese "Insieme all'eredità verrà consegnato anche l'amuleto del Dott. Franz?"

A quel punto Susanne si alzò in piedi di scatto e le disse "Che le importa? Tutta l'eredità, amuleto compreso, sarà mia e solo mia!"

Il notaio intervenne dicendo "Signora, per volere del defunto l'amuleto verrà consegnato alla persona che avrà identificato il suo contenuto e... questa persona, mi dispiace, non è lei."

"Ma com'è possibile???" disse Susanne urlando e imprecando contro il notaio che, incurante dei suoi strali, consegnò l'amuleto a Liz.

Susanne si voltò verso gli astanti "Non ci credo! Nessuno può averne indovinato il contenuto, solo io sapevo che conteneva i file musicali di Franz, quelli che usava durante certe visite speciali!"

Il Dott. Camponovo riprese "Signora, l'oggetto contiene le credenziali di accesso di un conto corrente dove sono stati depositati tutti i beni del Dott. Franz. La signorina ha prodotto un'attestazione, firmata dal Dott. Franz prima della sua morte, che le permette di poter presenziare alla riunione in qualità di erede, è quindi titolata a partecipare alla gara e qualche giorno fa mi ha comunicato il corretto contenuto dell'oggetto, unica fra gli eredi ad avere indovinato.

L'eredità del Dott. Franz andrà quindi alla qui presente signorina!"

Franz, coperto da una folta barba per assomigliare a suo zio, fece una voce grave e disse "Allora tutta l'eredità andrà alla signorina? Sarà tutto suo?"
Zio Karl gli rispose "Smettila! Pensi che quella stronza abbia veramente ragione? Susanne ha certamente indovinato, lei era sua moglie!", Franz gli rispose in modo pacato "E tu che ne sai? Sembrerebbe invece che Susanne non abbia affatto indovinato!!!"
"Vattene via!" disse un signore vicino a Franz, un altro, poco più in là, aggiunse "Razza di scimunito", altri ancora imprecarono all'indirizzo di quell'uomo barbuto che stava uscendo dal salone per inseguire Liz.

Vele spiegate

Qualche settimana dopo Liz e Franz stavano tranquillamente veleggiando su un catamarano sotto un cielo terso e azzurro, un colpo di vento scompigliò i capelli di lei, mentre un sole tiepido iniziava ad abbronzarle la pelle.

Franz stava ritto sul ponte di collegamento dei due scafi e l'osservava curioso, era bella come non mai; andavano veloci su quell'imbarcazione e insieme stavano sorseggiando un buon bicchiere di vino bianco, godendosi il sole come due lucertole.

Franz percorse i pochi metri che lo separavano da Liz e avvicinatosi le disse

"Liz, devo dirti la verità, non la posso più tenere solo per me."

"Dimmi Franz" rispose amorevolmente Liz.

"Appena ti ho vista è scattato qualcosa in me, qualcosa che avevo dentro da tempo ed era lì bloccato, è stato come se un grosso masso avesse incominciato a rotolare travolgendo tutte le mie remore e trascinando dietro a sé tutto il mio vissuto in un turbinio di emozioni.", poi smise per un attimo.

"Continua Franz." gli disse Liz.

"Quando ho capito che non avevo scampo, che avrei dovuto accettare l'offerta del Dott. Merkel, mio malgrado per non morire, ma che comunque avrei perso la mia identità allora ho pensato alla mia eredità, non volevo che andasse nelle mani di mia moglie e di mio figlio e ho architettato un piano.

Prima di partire per la missione ho inserito nel piccolo violino di metallo le credenziali di accesso del mio cospicuo conto in banca, quelle che solo io potevo conoscere, poi ho redatto le mie volontà e ti ho chiesto di inviarle al notaio il giorno stesso, cioè il giorno prima della mia morte ufficiale.

"Sì me ne ricordo Franz..."

"Ho anche redatto la lista delle persone che il notaio doveva invitare, conoscendo il codice di accesso del conto bancario sarei potuto fuggire facilmente col malloppo, ma non volevo perdermi la faccia di mia moglie rimasta senza un quattrino quindi sono andato dal notaio e quando ho visto lì anche te non ho capito più nulla, perché eri lì anche tu Liz?"

Lei rispose "Tu non sai tutta la verità Franz, ora te la dirò: Susanne e il Dott. Merkel erano amanti, amanti focosi! Capisci!!!"

"Che dici Liz??? Non ci credo... tralascia i particolari e vieni al dunque."

"È stata Susanne ad architettare il tuo rapimento, voleva farti pagare le tue scappatelle prendendosi la tua eredità. Sapeva dell'interesse del Dott. Merkel per te, per poterti utilizzare per il suo esperimento e gli ha chiesto di predisporre una messinscena, convincendoti che qualcuno ti voleva uccidere, così che tu fossi venuto a più miti consigli accettando di partire per la missione simulata, col risultato che tu saresti sparito per sempre, anagraficamente, dalla Terra."

"Continua!!!"

"Susanne e il Dott. Merkel volevano che tu morissi ufficialmente per prendersi l'eredità e godersela in tutta tranquillità. Il Dott. Merkel però non pensava di rivederti così presto, il suo piano era che tu rimanessi in coma vegetativo per un bel po' di tempo, ma ciò non è accaduto.

Era un piano studiato in ogni particolare, Susanne sapeva bene che le minacce che avevi subito erano reali ma non fece nulla per difenderti, anzi le sfruttò per ingannarti, ed è per questo che all'ospedale riconobbe in fretta la tua salma e non volle indagare oltre sulla tua morte.

Per Susanne sei sempre stato un fedifrago, così si sarebbe vendicata del tuo pessimo comportamento.

Susanne sapeva da dove provenivano veramente quelle minacce, tu credevi fossero opera degli speculatori, ma in realtà qualcuno non voleva che tu parlassi, che dicessi in giro che la scelta di non candidarti alle elezioni era stata invece un brutale diktat, volevano spaventarti addossando poi la colpa delle minacce sugli speculatori.

Susanne disse invece al Dott. Merkel che gli speculatori volevano eliminarti... il resto della storia la conosci già.

"Maledetta lei e quello stronzo del Dott. Merkel, ma il loro piano è andato in fumo!!! Liz, tu però non mi hai ancora detto perché eri lì, perché???"

"Tu lo sospettavi già da tempo Franz, sapevi che Susanne aveva in mente qualcosa per fuggire coi tuoi soldi e se lei ci fosse riuscita l'avresti sicuramente uccisa... io ero lì per evitare che ciò accadesse, ti ho sondato e conoscevo le tue intenzioni, se l'eredità fosse andata a me tu non avresti ucciso nessuno."

"Sì l'avrei fatto, Susanne però non si é potuta prendere la mia eredità ed ora la godrò io... con te."

"Non te ne farai nulla... voi umani sapete essere infinitamente malvagi e non meritate di continuare a esserlo. Il meccanismo di controllo comportamentale si disattiverà completamente a breve e il destino sarà solo nelle vostre mani com'è giusto che sia, ma la vostra imperfezione avrà la meglio sulla vostra tensione positiva.
Il destino è segnato Franz e per la vostra specie non è un destino degno di nota."

"Voi macchine invece siete perfette vero?" replicò Franz.

"Siamo sulla via della perfezione" rispose Liz.

Franz allora si allontanò qualche metro da Liz poi le urlò "Sai perché siamo così? Abbiamo un atteggiamento disincantato perché sappiamo che non cambieremo mai! Siamo destinati all'autodistruzione, è per questo che ci diamo sempre alla pazza gioia incuranti della morte che verrà. Io credo che sia giusto vivere così, senza pensare al domani che verrà!"

"Strana razza la vostra." disse Liz.

Franz allora le si riavvicinò, poi le sussurrò in un orecchio.

"Noi cogliamo l'attimo Liz, questa è la differenza fra noi due... respiriamo a pieni polmoni quello che la vita ci dà ogni giorno, senza titubanze, raccogliamo i frutti delle stagioni senza sapere dove siamo diretti, sorridendo al destino che verrà, qualunque esso sia."

"Hai sempre avuto una vena poetica Franz, aiuta a vivere, ma non ti fa vivere..." disse Liz.

"Tu invece sei sempre stata bellissima e con questa luce lo sei ancora di più." replicò Franz.

"Non ti sarai per caso innamorando di me Franz?" disse allora Liz ammiccando.

"L'amore è una forza a cui non siamo in grado di opporci, ci attraversa e ci cambia per sempre. Alcuni credono che sia Cupido a farci incontrare, ma sono gli intarsi delle relazioni che costruendo l'involucro della conoscenza creano la base di quel sentimento indecifrabile che chiamiamo amore."

Liz lo guardò amorevolmente negli occhi e gli sussurrerò "Forse sto imparando a capire cos'è l'istinto... quell'intuizione geniale che non sbaglia mai!"

Poi lo strinse a se e lo baciò fra il rumore delle onde e del vento che si stava alzando.

Armageddon

Susanne inserì la chiave a doppia mappa nella serratura e la girò quattro volte, poi entrò nello studio di Franz aprendo la porta di scatto.

La polvere si alzò copiosa come sospinta da un vento silenzioso, lei accese la luce e osservò tutto intorno, poi si avvicinò alle finestre e aprì le imposte.

Era un giovedì di fine autunno, l'aria era fredda in quel primo mattino mentre il sole cominciava a riscaldare l'ambiente tutto intorno.

Era la stagione in cui cadono le foglie e la natura cambia i colori preparandosi ai rigori invernali, i raggi di sole stavano ora penetrando dalle finestre per rallegrare quell'ambiente dopo un lungo periodo di buio.

Dentro allo studio si respirava un'aria stantia, ma Susanne non vi fece caso e continuò la sua ricognizione, mosse qualche passo in quell'ambiente polveroso alla ricerca di qualcosa, come un animale in cerca della preda, poi osservò la parete con la fotografia dell'orologio di Olomouc, il raggio di luce stava ora illuminando la parte bassa sinistra della stampa, quella col chimico intento a fare un esperimento.

Si avvicinò alla figura e osservò il suo profilo, si avvicinò ancora per osservare meglio la provetta e vide un'incisione proprio lì sul suo beccuccio, un piccolo graffito disegnato a mano in lingua inglese 'wake up dead man'.

La osservò qualche secondo, poi scosse la testa e se ne andò guadagnando l'uscita, richiuse la porta dietro a se ruotando la chiave nella serratura e imboccò l'uscita dello stabile.

Il raggio di luce percorse qualche centimetro più in basso per raggiungere il punto fra il pollice e l'indice del chimico, evidenziando un altro graffito che Susanne non fece in tempo a vedere a causa della sua fretta di andarsene, la minuscola iscrizione a spirale recitava 'there is an order in all of this disorder and the human being race end, is the new order the creation needs. Lizard'.

Mezzora dopo attacchi terroristici simultanei di vaste proporzioni, nella metropolitana di Minsk, in quella di Londra e su un treno della rete ferroviaria di Ginevra provocarono in totale 893 vittime.
Gli attacchi furono rivendicati da una sedicente formazione militare di non chiara appartenenza, si innescarono subito feroci accuse fra il blocco Nato e la Russia, ognuno riteneva l'altro il mandante di quelle operazioni terroristiche.
Le accuse divennero pesantissime, si bloccarono gli scambi commerciali e vennero chiuse le frontiere.
Due giorni dopo, sul confine indo-pakistano, iniziarono lanci di razzi che colpirono le città più vicine, alcuni di questi arrivarono anche a colpire città della vicina Cina.
Gli ambasciatori dei due paesi vennero immediatamente richiamati e i rispettivi eserciti si prepararono al conflitto armato.
Poche ore dopo un sottomarino nucleare, in missione segreta, esplose causando ingenti danni ad alcune centrali nucleari Giapponesi.
Il Giappone accusò la Cina per il disastro colposo e per ritorsione occupò le isole Senkaku.

Una settimana dopo, un satellite geostazionario si riposizionò su un'orbita più vicina alla Terra e iniziò a inviare raggi laser di altissima potenza sul globo terrestre.
I raggi colpirono alcuni missili dotati di testate nucleari distruggendoli, fu l'inizio della guerra totale e del lungo inverno nucleare.
Il DEFCON Warning System venne alzato immediatamente al primo grado di allerta e, nel giro di pochi minuti, l'intero globo terrestre fu lacerato da migliaia di esplosioni nucleari.

Il primo colpo non sortì l'effetto pianificato dagli strateghi militari.

Un guizzo di luce uscì dalla coltre atomica, per allontanarsi come un lampo dal pianeta; a bordo dell'astronave c'era una unità ibrida ad annunciare la nascita di una nuova specie, un'evoluzione accaduta in modo inaspettato, come spesso accade in questo spazio infinito dove succedono cose imprevedibili.

Osservando lo schermo Liz vide la terra sventrata diventare sempre più piccola e lontana, disse allora fra sé e sé "La razza umana è stato un vero aborto, avrebbe potuto distruggere tutto il creato, non ha mai seguito regole e ha distrutto tutto quello che ha incontrato sul suo cammino.

Per fortuna siamo riusciti a dare un'evoluzione differente alla nostra specie, coniugando tecnologia e quel poco di buono che era rimasto degli umani."

Poi come rivolgendosi a qualcuno riprese "Veniamo da lontano, attraverso una manipolazione genetica mischiammo i nostri geni con quelli dell'Homo Erectus per creare la razza umana, ma in realtà creammo solo un aborto che non si è mai evoluto, dopo millenni di evoluzione loro usano ancora l'istinto mentre noi solo il puro raziocinio.

La nostra esistenza si ritrova in molti racconti, in quelli dei nativi americani Hopi, nella mitologia greca, nelle scritture e leggende indiane, nella cultura cinese, vietnamita, coreana e giapponese, nei geroglifici egizi, e in molti altri testi di civiltà ormai scomparse.

Abbiamo osservato l'evolversi degli eventi aspettando il momento di agire, poi, quando l'uomo ha creato le macchine intelligenti, ne abbiamo preso il controllo potenziando notevolmente le nostre capacità e acquisendo un'abilità motoria che non abbiamo mai avuto.

Abbiamo creato gli umani, ma abbiamo dovuto distruggerli prima che loro ci distruggessero.

Ho fatto credere a Franz che avrei interrotto la sequenza di disattivazione, ma in realtà l'ho solo consolidata, affinché il destino della razza umana fosse segnato.
Nessuno ha mai scoperto le mie vere intenzioni, neppure Frida, li ho ingannati tutti con la mia falsa ingenuità."

Passò qualche secondo di silenzio, poi la sua pelle vellutata cambiò di colore, i suoi occhi diventarono più grandi e incominciarono ad osservare l'uno indipendentemente dall'altro, uno fissò il monitor e l'altro i comandi.
Il tatuaggio a forma di lucertola sulla gamba sinistra incominciò improvvisamente a pulsare di luce azzurra, era il segnale che Liz aspettava.
Prima di sparire in un'altra dimensione, veicolata da un tunnel temporale, osservò il globo per l'ultima volta poi esclamò compiaciuta "Missione compiuta."

Jesus
Tell me, tell me the story
The one about eternity
And the way it's all gonna be.

Jesus
If there's an order in all of this
disorder
Is it like a tape recorder?
Can we rewind it just once more?

Wake up dead man

Wake up dead man
U2 - Pop

www.ingramcontent.com/pod-product-compliance
Lightning Source LLC
Chambersburg PA
CBHW071225170526
45165CB00003B/987

Retirement Planning

Have a Plan, So You Can Live Your Life

Brian Skrobonja